TANKOU TO SHINMINYOU

炭鉱と新民謡

—南蛮音頭とその時代—

作家／編集プロデューサー
堀 雅昭

×

山口県民謡連盟・元常任理事
宇部南蛮音頭保存会会員
中本義明

宇部文藝協会の初期の活動の場
新川講堂（絵葉書「宇部百景」）

表　紙　藤井清水自筆の「南蛮音頭」楽譜（濵田家資料・宇部市学びの森くすのき蔵）
　渡邊家の蓄音機
裏表紙　昭和一〇年六月に広島放送局から放送した「南蛮音頭」と「宇部小唄」演奏の放送テスト風景（濵田素明氏蔵・同年六月二九日付『宇部時報』に関連記事あり）

扉　渡邊家の蓄音機
　コロムビアレコード「宇部南蛮音頭」（濵田家資料・宇部市学びの森くすのき蔵）
扉　裏　新川講堂（宇部市制施行記念として建てられた新川小学校の講堂・絵葉書『宇部百景』・宇部市学びの森くすのき蔵）
第❶章扉　渡邊家の蓄音機とコロムビアレコード「宇部南蛮音頭」令和五年四月撮影）
第❷章扉　「宇部南蛮音頭」歌詞の表紙（昭和五年三月発行・濵田浅一氏旧蔵）
第❸章扉　沖ノ山炭鉱の坑内（昭和一八年六月撮影・杉谷敏一アルバム）
第❹章扉　昭和二二年一二月の昭和天皇の沖ノ山炭鉱行幸。前列左から天皇、中安閑一、俵田明（俵田家蔵）
第❺章扉　宇部市街地ロータリー（昭和三一年撮影・宇部市役所市民環境部環境政策課蔵）
第❻章扉　宇部市制五〇周年・宇部まつりの南蛮音頭市民総踊り（昭和四六年一一月一一日『広報うべ』）
中本義明さんに聞く（インタビュー）
　中本さんの自宅での稽古風景（昭和六〇年一二月・中本氏蔵）

はじめに

山口県民謡連盟元　常任理事／宇部南蛮音頭保存会会員　中本義明

〽ハー南蛮押せ〱　押しやこそ揚る　揚る五平太の「ヤットコセ」竪抗掘りヨ
「アト山サキ山　お前はバンコか　ギッコラサ」　揚る五平太の「ヤットコセ」竪坑掘りヨ

昭和五（一九三〇）年六月にビクターレコード（以下、「レコード」を省略）で制作され、八月に発売された「宇部南蛮音頭」の一番歌詞である。ここに登場する「五平太（ごへえだ）」は石炭の異名である。あるいは石炭採炭夫、いわゆる山師（やまし）も「五平太」と呼ばれた。

本書をまとめるきっかけは、宇部南蛮音頭の後継者不足により、唄を指導する目的で資料収集をはじめたことにあった。

若いころから民謡に携わってきた私は、元々地域の民謡の発掘、普及を旨としていたが、本職の忙しさで二五年中断をした。七〇歳になって職を辞めた後、宇部市の広報で保存会員の募集を見て参加した。

あとでわかったことだが、「宇部南蛮音頭」は、宇部文藝協会がを昭和四年に市民から歌詞を募集したことで、金子千壽夫の詩を野口雨情が一等に選び、二番以降の歌詞を野口が補作した新民謡であった。これは沖ノ山炭鉱の石炭を各地に売り込む目的で作られ、レコードのカップリング曲として同会が「宇部小唄」を手掛けていたこともわかった。つづいて昭和九年には宇部窒素工業㈱の社歌「窒素節」がテイチクから発売されたり、昭和一〇年にコロムビアから「躍進の宇部」／「宇部ばやし」が発売されてもいた。さらに昭和一一年にはテイチクから「宇部港音頭」／「宇部小唄」、コロムビアから「宇部石炭祭」／「宇部南蛮音頭」が出されていたことが、関連する新聞記事を集めるうちに見えてきたのである。

興味をもったきっかけは、地元のレコードコレクター・白石功氏が所蔵する朝居丸子が唄う初代の「南蛮音頭」のレコード写真を見たことにあった。レーベルに「作詞」が野口雨情になっていることと、歌手が朝居丸子の名があったのに違和感を覚えたからだ。そのころは、最初の歌手が音丸かと思っていたので、令和二年三月に茨城県北茨城市磯原町にある野口雨情記念館に問い合わせ、レコードに吹き込んだ最初の歌手が朝居丸子であることと、作曲者の藤井清水の「清水」を「きよみ」と読むことを教えてもらった。そこで調査をつづけ、前述の金子千壽夫が本来の作詞者であったことを見つけたのが令和五年二月のことである。

この事実を南蛮音頭の練習日に市の職員に話すのと時を同じくして、日本フォークダンス連盟が六月に踊りの講習用に南蛮音頭のCDを作ることになり、奇しくも私が監修者として上京する機会を得た。このCDに唄の解説を書く段階で正式な作詞者名を示したことで、六月に発売されたCDには金子が南蛮音頭の作詞者となっている。

実は堀雅昭氏とはじめて会ったとき、平成二一年五月一日の『宇部時報』(「宇部銀行と新川モダニズム㊵」)で作詞者の金子の名が発表済みであることを知らされた。渡邊家、濵田久七家、濵田浅一家を取材してきた堀氏は、消えてしまうかもしれないこうした事実を、宇部文藝協会が創立一〇〇年を迎える今年、唄が出来て九五年後に元唄の作詞者を明記することに共感され、一緒に本書を編むことになったのである。

本書により、本州西端の産炭地である宇部の文化的特異性を多くの人に知って戴き、興味を持って戴くことで、まずは目的の第一歩が踏み出せると思っている。前述のとおり、編集と出版には、UBE出版の代表で作家でもある堀氏のお手を煩わせた。ずいぶん我がままも言ったが、お世話になった多くの人々に、心より感謝申し上げたい。

本書発刊の経緯

作家/編集プロデューサー　堀　雅昭

宇部南蛮音頭保存会メンバーの中本義明さん(昭和二三年生まれ)にお会いしたのは、令和五(二〇二三)年二月であった。執筆の場にしていた宇部市立図書館で、唐突に声をかけられたのだ。宇部まつりや地域のイベントで歌い踊られてきた地域ソングの先駆けというべき「宇部南蛮音頭」(以下、南蛮音頭と略す)を調べておられたのである。

私が小学校のころには踊り方の授業まであった、この地域ソングについて、『宇部市制施行90周年記念写真集　ふるさと宇部』(郷土出版社)や『うべ歴史読本』(NPO法人　うべ未来100プロジェクト)で関連資料を紹介したことがある。

南蛮音頭の歌詞は、宇部文藝協会が公募した作品の中から選出し、野口雨情が補作して歌詞を整え、藤井清水が曲をつけて昭和四（一九二九）年一一月に完成していた。それ以前は労働歌としての「南蛮唄」があったが、昭和初期の「革新」時代に、民謡もまた新しい伝統を装い、新民謡の時代が幕を開けたのである。

やがて中本さんは、地元ゆかりの新民謡関係の新聞の切り抜き等を集めたB4ファイル九冊分を見せてくださり、「これで本を作ることは、できますか」と問われたのだった。私は「頑張ってみます」と答え、お借りした資料を軸に追加取材を行うことにした。

その気になったのは、令和六（二〇二四）年が南蛮音頭の制作事業の母体となった宇部文藝協会発足一〇〇周年の節目でもあったからだ。また、山口県内でも集中的に新民謡が作られた産炭地が、一方では近代社会から排除された民衆を受け入れ、再生するアジール的側面を持っていた特異性も、こうした調査から炙りだせる気がしたからである。巻末に付けた南蛮音頭以後の郷土ゆかりの地域ソングの数の多さは、まさにそのことを物語る。

本書の制作に際して、宇部市立図書館に所蔵の「俵田レコードライブラリー」（俵田寛夫氏寄贈レコードコレクションを軸に、その後、他団体などから追加寄贈された地域ゆかりのレコード等を含む歴史的音源資料）の一部リスト化をして戴いた。市の資料館「学びの森くすのき」でも、歴史的音源の収集や整理などに協力して戴いた。レファでお世話になった山口県立図書にも、県が所蔵する歴史的音源の整理中のリストを見せて戴くなどして大いに助けられた。そのほか、県内外各地の図書館や資料館にもお世話になったし、編集におけるIT分野の技術的支援は福岡県よろず支援拠点の助けを借りた。最後になったが、資料提供をして戴いた方々に、心からのお礼を申し上げたい。

本州西端の産炭地が生んだ新民謡から近代を眺める希書として、本書が世に送り出せたことに感謝している。

令和六年六月　宇部文藝協会発足一〇〇周年の年に

炭鉱と新民謡◎目次

Recording

第1章　宇部文藝協会の誕生

「共存同栄」の時代

　本州西端の産炭地として栄えた山口県宇部市は、幕末に「禁門の変」の震源地となった。領主・福原越後は幕府により責任を取らされて自刃。このことで時代に取り残され、嗣子の福原芳山（ふくばらよしやま）が石炭開の基礎を築く。その延長線上に、渡邊祐策が明治三〇（一八九七）年に創業した沖ノ山炭鉱が成就、現在の㈱UBE（旧・宇部興産㈱）へとつながる。

　こうして石炭で栄えた宇部が、大正一〇（一九二一）年一一月一日に「村」から一気に「市」に昇格した。このとき表面化した標語が「共存同栄」である。それは市制施行時に発表した「宇部市憲五則」の第三番目に「公徳を守り、推譲を重んじ、共存同栄の実を挙ぐべし」の言葉で表面化した。

　この「共存同栄」の言葉にも渡邊祐策が深く関わっていた。

　前掲の「宇部市憲五則」は、山口県知事の中川望が作った「公徳を重んじ、推譲を守り、共存同栄の実を挙ぐべし」が原案であるが、渡邊が、「重んじ」と「守り」の言葉を入れ替えて調整していた（『素行渡邊祐策翁　乾』）。

　このとき牧三平治（宇部鉄工所常務取締役）が、「共存共栄」ではないかと疑問を呈したが、渡邊が「共存共栄は古い。此の頃では同栄がえゝ」と突っぱねて、「共存同栄」の言葉が定着したのだ。

　実は、「此の頃では同栄がえゝ」という渡邊の意識の源流は、官僚政治家の平田東助（旧米沢藩士）が作成し、大正一〇年三月に完成した「産業組合則」の「信用」「勤倹」「共同」「同栄」の四か条にあった。

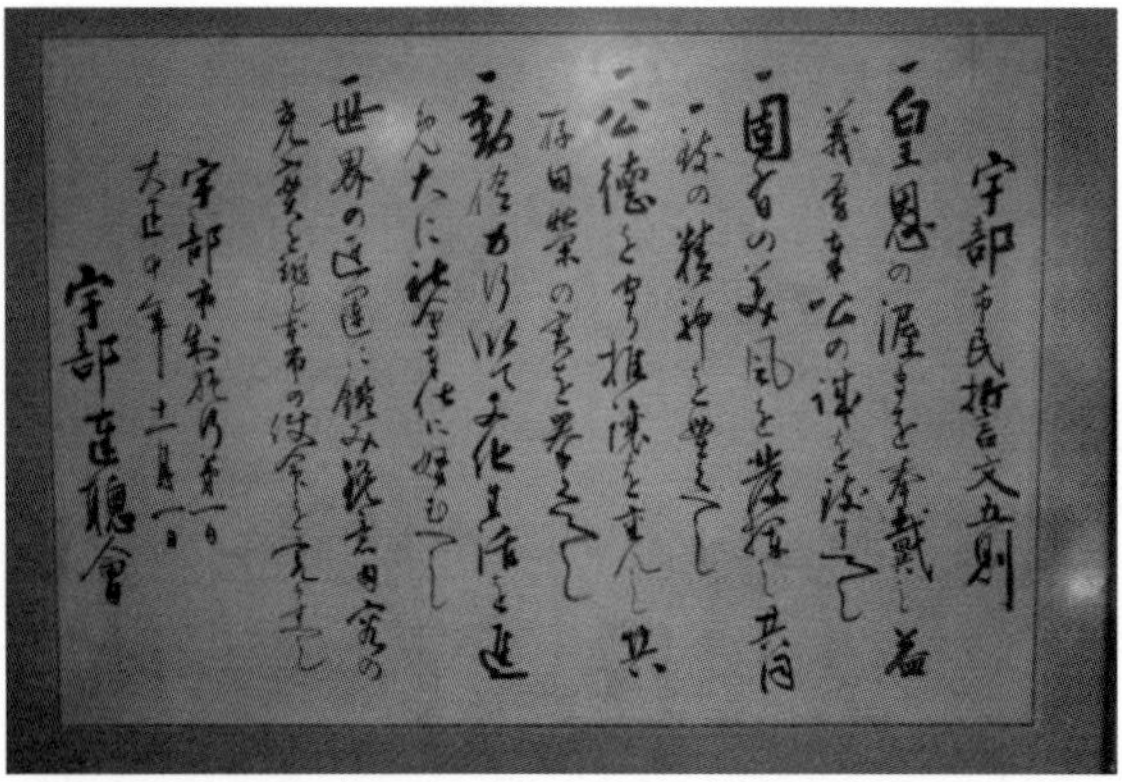

「宇部市憲五則」の原形「宇部市民誓文五則」
（宇部市学びの森くすのき蔵）

平田は明治二四（一八九一）年に信用組合法案を起案する際、二宮尊徳の思想を具現化した報徳会を研究した。

その後、平田の主導により明治三三（一九〇〇）年に産業組合法が公布。信用組合、販売組合、購買組合、生産組合の四種が規定されている。これが農業協同組合、生活協同組合、漁業協同組合、信用組合、住宅金融組合などに発展するが、第一七回全国産業業組合大会が大正一〇年五月八日に大分市で開かれた際、はじめて「共存同栄」の言葉が使われたのである。

このとき誕生した「共存同栄」の標語は、平田東助らの手で、産業組合中央会によって作られたものだった（『共同組合の思想』）。

顧みれば、日露戦争後の第二次桂太郎内閣（明治四一年七月発足）で、平田は内務大臣として地方改良運動を主導していた。産業組合の進展は、これと連動したもので、当時内務官僚だった中川望は、平田の政策を実践する立場にあったわけだ。

以上をまとめると、平田の部下であった中川が、大正一〇年の宇部市制施行直前に産業組合のスローガン「共存同栄」を沖ノ山炭鉱の渡邊祐策に示し、これが宇部市制施行時の「宇部市憲五則」に投影され、その後、渡邊が事あるごとに「共存同栄」を揮ごうして市民の間に広まっていった流れとなる。

ファシズム誕生期の国民社会主義的意識を内包した「共存同栄」の言葉は、公平な社会を求める精神の具現でもあった。一方で幕末以来の石炭開拓精神「協同一致」と結合し、郷土の産業や文化芸術運動まで牽引してゆく。宇部文藝協会の誕生も、その延長線上にあった。

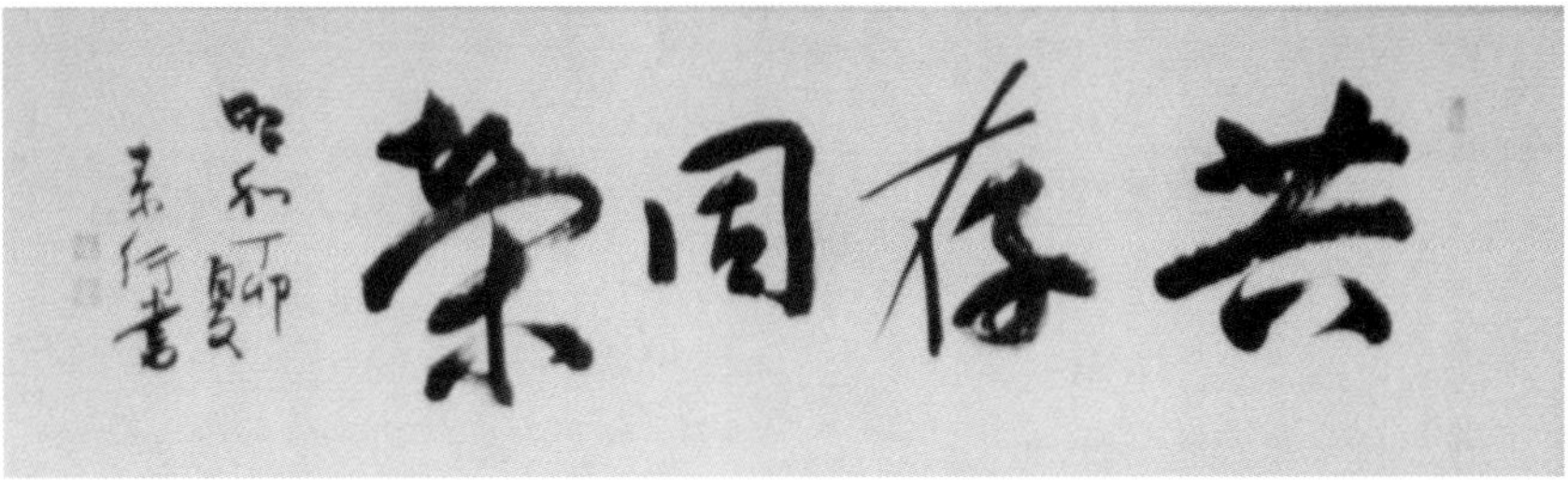

宇部興産（現、㈱UBE）東京本社の社長室に掲げられている「共存同栄」の書

米騒動と報徳会

「共存同栄」の精神は、大正七（一九一八）年八月の米騒動の混乱からの再起の目的からも、実現されるべき目標だった。

この大事件を国際的視野で眺めると、興味深い風景が浮かび上がる。前年の大正六（一九一七）年一一月に起きた「ロシア一〇月革命」によるロマノフ王朝の滅亡と、ソビエト政権誕生の影響だ。レーニン率いるソビエト共産主義により、極東ロシアで日本人が迫害されるなどの被害が続出していた。その対抗策として、国家主義を標榜する頭山満や杉山茂丸らが出兵を主張する。首相の寺内正毅はこうした勢力に押し切られる形で、第一次のシベリア出兵を翌大正七年八月二日に踏み切るのである。

いうまでもなくソビエト共産主義政権に対抗する出兵であり、そのタイミングで米騒動が勃発したのだ。日本国内に芽生えていた共産主義勢力が、米騒動を扇動した一面もある。

当時、三万五〇〇〇人の人口の宇部村では、警察の他に山口歩兵第四二連隊が出動して発砲するなど惨劇が起きた。

松濤園（渡邊裕志氏蔵）

大正七年八月二一日の『宇部時報』によれば、炭鉱夫が本町通の永山酒場に押し入って酒樽から酒を杓呑みして、ワッショイ、ワッショイの掛け声と共に、渡邊祐策の別邸「松濤園」（上町二丁目の松濤神社に隣接する土屋医院の本宅の場所）に流れ込んでいた。暴徒は島の本邸「松巌園」に進み、そこでも乱暴狼藉を働いた。宇部市島の渡邊邸（松巌園）には、別邸「松濤園」に掲げられていたときに付いた刀傷の残る伊藤博文の揮毫「萬里風涛共鶴聞」が残されている。

八月一五日の『宇部時報』は「前後策奈何」と題し、凶暴な下層民が多いこと、移住者が多く社会的親和が欠乏していること、第一次世界大戦期の成金的気風の弊害などが原因として、社会の立て直しのために「人心の開発」と「社会的教育」の必要性を報じている。

　花田仲之助が主催する報徳会を、宇部が導入したのも、こうした「人心の開発」のためであった。

　花田が上宇部の教念寺に講演に来たのは大正八（一九一九）年二月二五日。「地主も小作人も資本家も労働者も金銭とか地位とかの衣服を脱いで報徳会といふ一切平等の風呂に入る」（三月二日『宇部時報』）「花田中佐の報徳会」という平等主義が主題であった。そのことも大正一〇年の宇部市制施行期に表面化した「共存同栄」の伏線だったという見方もできる。『報徳会綱要』（昭和九年）には、花田仲之助が蔓延元（一八六〇）年に鹿児島で生まれたことや、西南戦争では西郷私学校党に従ったこと。更にはその後、陸軍士官学校に入って日清戦争に従軍して、シベリアで諜報活動を行い、鹿児島に戻ると明治三三（一九〇〇）年に報徳会を興したことなどが記されている。加えて長州の吉田松陰を尊敬していたとも。

　「共存同栄」精神の移植と、花田率いる「精神的道徳的自治機関」の報徳会の出現が、米騒動後に社会改良機関として動き始めるのである。

　実際、大正一三年に達総会で決議され、発表された「宇部市民必行事項」の第二項の三に、「正義を尊び公正なる思想を涵養」する旨が示され、四の、「共存同栄の精神に基き倍々社会奉仕の道義心を発揮すること」へとつながる。

　正義と公正と道義心の具現である「共存同栄」の実現は、宇部文藝協会が発足することで前進する。

左・渡邊家に残る刀傷のある伊藤博文の書。右・花田仲之助(福岡市・玄洋社記念館旧蔵)

「宇部文藝協会」と兼重暗香

宇部文藝協会は、大正一三（一九二四）年一月二六日に発足した。後に昭和天皇となる東宮殿下の迪宮（みちのみや）と良子（ながこ）女王の結婚記念として、「一般市民の芸術に対する趣味を高め」るために立ち上がったのだ。

これより前の一月一三日付の『宇部時報』では、宇部時報社の「御大禮奉祝　文藝大募集」の広告が見える。ご成婚日に載せる祝賀用の漢詩、短歌、長歌、俳句、川柳、俚謡、短文、短句を市民から募集するものだった。つづいて一月二〇日付の同紙は、「何人（なんぴと）にても此（この）事業に共鳴のお方は遠慮なく御出席が願ひたい」と、宇部文藝協会の発起人総会に「市民」が自由参加することを促した。その開会のこけら落としとして、郷土出身の女流画家・兼重暗香の三〇作品余りを、二六日の当日に新川講堂で展示する企画も決まるのである。

兼重暗香（『日本女性文化史展』）

長州藩士・兼重慎一の娘として、明治五（一八七二）年に吉敷郡矢原村で生まれた兼重暗香は、当時五二歳だった。女流画家になった背景には、四歳のとき小児性脊髄神経麻痺に罹り、両足の自由が奪われたことがある。画家なら、身体障害でも活動できる、ということだった。

暗香は叔父で洋画家の河北道介の画家仲間・本多錦吉郎に師事して洋画を学び、女流画家の野口小蘋からは日本画を学んだ。その後はもっぱら日本画で腕を磨き、日本美術協会から表彰されたり、宮内庁に作品が買い上げられたりで、名をあげたのだ（『現代防長人物誌　地』）。

ところで東宮殿下の御成婚記念では、市街地と琴崎八幡宮を結ぶ参宮道路も建設されていた。大正一三年一二月に起工され、同一四年一〇月に竣工したこの道路の正式名称は「皇太子殿下御成婚記念参宮道路」である（宇部市立図書館蔵『皇太子殿下宇部市行啓記念』）。

大正 13 年 1 月に兼重暗香が描いた渡邊家の藤（渡邊裕志氏蔵・2023 年 4 月撮影）

昭和 3 年の松巖園の藤棚。下に立つのは渡邊浩策氏（渡邊裕志氏蔵）

木彫の渡邊祐策像
（渡邊裕志氏蔵）

面白いことに、宇部市島の渡邊祐策の家（松巖園）には、「大正甲子春　暗香女史寫」の墨書のある四曲一隻の藤棚を描いた屏風大きな屏風が残されている。

大正一三年一月三一日付の『防長新聞』には、宇部文藝協会発足記念として、二六日に新川講堂で展覧会をした暗香は、宇部や小野田の依頼者の求めに応じて、あちこちで屏風を描いたり書を揮ごうしており、来月中旬に山口市に戻るとある。

渡邊家の藤を描いた屏風も、このとき描いたものであろう。

渡邊祐策の曾孫の渡邊裕志さん（昭和二三年生まれ）は語る。

「オヤジ（宇部興産中央病院の元院長・渡邊浩策氏）が生まれたのが大正一三年一月でした。ちょうど宇部文藝協会の発足と同じ〈大正甲子春〉ですよ。そのとき暗香さんが絵を描かせて欲しいと、松巖園に来たそうです。そこで作品が完成すると、〈良い屏風が出来たので、ぜひ我が家で引き取りたい。お代はおいくらぢゃろか〉と祐策は問い、暗香が示した値の五倍くらいの金額を包んで渡したそうです。これは祖母の柔子（なりこ）〔※1〕から聞きました」

裕志さんはつづける。

「松巖園の藤は、渡邊家にとって特別な意味がありました。祐策が沖ノ山炭鉱をはじめた明治三〇（一八九七）年に、桃山のどこかのお宅から苗木を貰って植えたものと聞いております。沖ノ山は七〇年で閉めたが〔※2〕、この藤は残ったと、オヤジ（渡邊浩策）も言っておりました」

なお、過分な礼金に対し、暗香は、兼重家の家宝ともいえる高杉晋作ゆかりの「与謝蕪村筆の掛け軸」を祐策に贈っている。

〔※1〕渡邊祐策の次男・剛二の嫁。
〔※2〕昭和四二（一九六七）年に沖ノ山炭鉱は閉山した。

「市民」の出現

宇部文藝協会のイベント会場として利用された新川講堂
（大正 12 年 5 月刊『市制記念写真帳』）

宇部文藝協会は、「地方一般の趣味を向上」を目的に、一般市民を対象とした文化団体だった。こうして一月二六日の創立後に役員の人選に着手し、二月一〇日に第一回の役員会が開かれる（大正一三年一月三一日付『宇部時報』）。つづいて二月一四日に宇部工業学校で理事会を開き、大正一三年度の活動計画が公表された。スケジュールは以下である。

第一回の余技作品展での書画、詩歌、彫刻、篆刻、刺繍、額面の展示
第一回のアサガオ品評会（盆栽と生花の陳列会）
第一回の音楽会（和洋の両方）
第一回の菊花品評会（盆栽の陳列と茶の湯）（同年二月二一日付『宇部時報』）

二月二八日の『宇部時報』紙上で、会員の募集は行われた。会長は「未定」ながら、以下の一〇人の理事の名が確認できる。

内海静、椋梨並枝、尾藤武夫、鹽見俊江、森隆孝、下田亀蔵、脇順太、安平正一、日高芳丸、吉村廣助。

注目すべきは、年会費一円を収めれば、男女年齢を問わず誰でも参加が自由であったことだ。ここに「共存同栄」を背骨とする「市民」が生まれた風景が浮かび上がる。

また、こうした「市民」の誕生に連動して、沖ノ山炭鉱による「宇部港大築港」計画も表面化してゆく（大正一三年三月二一日『宇部時報』）。

炭鉱街の近代化と共に宇部文藝協会による街づくりが両輪で動き始める。

さて、第一回の余技作品展は、四月三日と四日の両日に新川講堂で開かれる。市民参加型の文化事業で、委員長は宇部高等女学校の図画担当教員の尾藤武夫が務めた（大正一三年三月一六日付『宇部時報』）。

つづいて四月一三日からの三日間は、岡村旅館（旧・松濤園）での書画の展示即売会の後援を宇部文藝協会が引き受ける。出品されたのは日本画では鏑木清方（かぶらききよかた）、小室翠雲（こむろすいうん）、山内多門（やまのうちたもん）、山中古洞（やまなかこどう）の作品だった。

若き日の俵田明（上郷與吉写真アルバム）

あるいは渋沢栄一、大倉喜八郎、松方正義などの政財界の知名士の書も展示された（大正一三年四月　三日付『宇部時報』）。

宇部文藝協会主催の第一回音楽会が新川講堂で開かれたのは九月二三日のことである。やはり「市民」参加型で、和楽は謡曲、三曲（箏、三味線、尺八）、長唄、琵琶、義太夫、舞踊、仕舞（しまい）。洋楽は合唱ヴァイオリン、マンドリン、ハーモニカ、ピアノ、歌劇などの演奏や上演が行われた（大正一三年九月七日付『宇部時報』）。

このときは後に宇部興産（現、㈱ＵＢＥ）を創業する俵田明も参加していた。あるいは市長の国吉亮之輔が唄い、宇部工業学校の内海静校長が鼓をたたくなどで盛り上がる。

第二部の児童劇では新川、神原の両小学校の児童が参加し、俵田明の長女・初枝が「春の小川」を独唱した。宇部高等女学校の生徒たちのマンドリン演奏など、学校も巻き込んだ行事だったのである（大正一三年九月一八日付『宇部時報』）。

一一月八日と九日は、第一回の菊花品評会が新川講堂で開かれる。菊花五〇点の展示と、会場に人気投票箱が置かれて、「市民」の投票によるランキング付けが行われていた（大正一三年一一月九日付『宇部時報』）。

ファシズム到来

大正一四（一九二五）年二月に、宇部市のカフェ関文にロシアの美人ピアニストが登場した。ロシア一〇月革命から八年が過ぎたその時期に、突然現れた微女は、ロシアの反革命派セミョーノフ将軍の配下にいた中佐夫人であった。

ソビエト政権樹立により、帝政時代のロシア指導者層が共産党に弾圧されて亡命が相次いでいた。関文にピアニストとして雇われたロシア美人も夫を殺され、未亡人となって逃れきた一人であった（大正一四年二月一〇日付『宇部時報』）。

こうしたなか、宇部市では四月九日と一〇日の両日、沖ノ山炭鉱を創業した渡邊祐策や坑内での女鉱夫の労働風景、東見初炭鉱内の様子が活動写真により撮影された。四月一五日、一六日に山口町（現、山口市）で開催される全国産業組合大会で上映される映画のためである（大正一四年四月一二日付『宇部時報』）。

面白い動きは続くもので、イタリアで義勇軍に入隊してオーストリア軍と戦ったことでムッソリーニと出会い、イタリアのファシスト運動に参画した下位春吉が、四月二〇日に宇部に来た。

在郷軍人会分会青年団に招かれて、イタリアのファシズムを紹介する講演会を、宇部小学校の講堂と新川小学校の講堂（新川講堂）で開催したのである（大正一四年四月一六日、及び二〇日付『宇部時報』）。

下位春吉
（昭和２年刊『写真通信』大正通信社）

下位は明治九（一八七六）年の「秋月の乱」に参加した秋月藩士・井上喜久蔵の息子であった。東京師範学校英語科に在学中の明治四〇年（二四歳）に東京の下位家に養子入りして、イタリア研究のために大正四年の秋にイタリアに渡る。ちょうど第一次世界大戦がはじまったばかりで、尊敬していたファシスト愛国詩人・ダヌンツィオが飛行隊に入ったことで自らも入隊、イタリア・ファシズムの宣伝者となったのである。

ヨーロッパでは一九一八(大正七)年にシュペングラーが『西洋の没落』を発表していた。イタリアでは一九二一(大正一〇)年一一月にファシスタ党が結成され、資本主義の本体であるグローバリズムにより破壊された国家の有機体的共同体（オーガニックコミニュティー）を回復する運動が始まる。ファシストによる余暇活用組織「ドポラヴォロ」も、一九二五（大正一四）年に立ち上がっていた。これがファシズム体制下の芸術文化芸活動を支えた。

ムッソリーニ肖像写真（松岡洋右氏旧蔵・光市文化センター蔵）

こうしたファシズムのメリットを紹介する下位の講演日（四月二〇日）のタイミングで、前年（大正一三年）一一月の菊花品評会以来活動を中断していた宇部文藝協会が息を吹き返す。当日開かれた理事会では、「本年の三大行事」として五月に大音楽会、七月に余技作品展（実際は一〇月に開催）、一一月に菊花品評会を開催することを決めている（大正一四年四月二二日付『宇部時報』）。とはいえ、五月一六日に新川講堂で開かれた春季音楽会の出演者は少数だった（大正一四年五月一六日付『宇部時報』）。

八月二四日付の『宇部時報』では、宇部文藝協会の理事長が宇部工業学校長の内海静であることを明記し、一〇余名の理事がいると語る一方で、「早くもダレ気味ではないかと疑はれてをりますが」と自嘲気味に続けている。活動は下火のまま、大正期の幕は閉じた。

宇部文藝協会の再出発

昭和二（一九二七）年に入っても宇部文藝協会の活動は停滞したままだった。八月一〇日から三〇日まで、書道の名手として有名な乾淡江を招いて会費一〇円で「書道講習」を開催する程度であったのである（昭和二年八月　一日付『宇部時報』広告）。

活動衰退の理由は、学校関係者を中心とした組織にしたことで、中心になって働く人材が枯渇したことにあった。

そこで理事長の内海静が宇部工業学校校長を辞任するタイミングで残った理事たちが話し合い、組織の立て直しをはかる（昭和二年八月一二日付『宇部時報』）。

こうして九月六日に濱田久七の家で役員総会を開き（昭和二年九月六日付『宇部時報』）、話し合いを続けた結果、会長を濱田久七に据えた以下の五部門からなる新しい宇部文藝協会が発足する（昭和二年九月九日付『宇部時報』）。

〈第一部〉部長・高野大祐（文藝、美術、書道）
〈第二部〉部長・濱田浅一（音楽、舞踊、劇）
〈第三部〉部長・紀藤常亮（園芸、華道）
〈第四部〉部長・脇順太（講演その他）
〈第五部〉部長・安平正一（会計庶務）

炭鉱関係から市政に関わる人たちまでをバランスよく委員として配置し、まとめ役の濱田久七が会長（会長としては初代）になって再出発を果たした形である。

このうち濱田浅一を部長にした第二部が主体となり、昭和四年の八月

宇部文藝協会理事長・内海静
（『70 年のあゆみ』）

宇部文藝協会のバッジ
マークは大正 13 年 2 月 14 日に宇部工業学校の理事会で尾藤武夫と吉村廣助に一任するとある（同年 2 月 21 日付『宇部時報』）ので、この時期に調整されたものと推察される（『炭鉱　有限から無限へ』）

昭和四年十一月文藝協會 第一部、第三部展覧會
(四.五日)
(於新川小學校講堂)

八日より宇部時報紙上で「南蛮音頭」の歌詞を募集することになるのである。

なお、『躍進の宇部』が語る所では、濵田久七が私費を投じて宇部文藝協会は再出発を果たし、昭和一八年まで活動を続けたとしている。

宇部文藝協会は大東亜戦争（太平洋戦争）勃発による中断により、戦後は傘下にあった細胞が独立する形で以下の文化団体が誕生していた。

音楽…宇部好楽協会（俵田寛夫）
常盤木座（高良吉宗）
律動文化協会（河野昇）
石井好美舞踏研究所（石井好美）
素謡研究会（蔵本貞雄）
絵画…黒光社（日本画・山野紋治）
宇部美術協会（佐野益雄）

〈その他〉
池坊支部（加藤道夫）／茶道（太田百合代）／閑水会（盆栽・竹内貞之）／菊友会（菊・西村庄一）／俳句会・川柳・和歌の各派／沖ノ山楽焼会。

なお『昭和十五年版宇部年鑑』の「宇部文藝協会」の解説には、大正一三年の創立以来、余技展覧会、和洋音楽会、遺墨展覧会、園芸展覧会、音楽大会などを開催し、「南蛮音頭」、「宇部小唄」、「宇部港音頭」、「石炭祭」などの音楽を作成したとある。

また、歴代会長については内海静（大正一三年二月）、濵田久七（昭和二年七月）、濵田浅一（昭和六年）、西村宇吉（昭和八年八月〜昭和一一年一月）を示している。

付言すれば西村氏の次の会長は決まらず、副会長の紀藤常亮と濵田浅一が一年交代で会をまとめ、昭和一五年に至ったとしている。

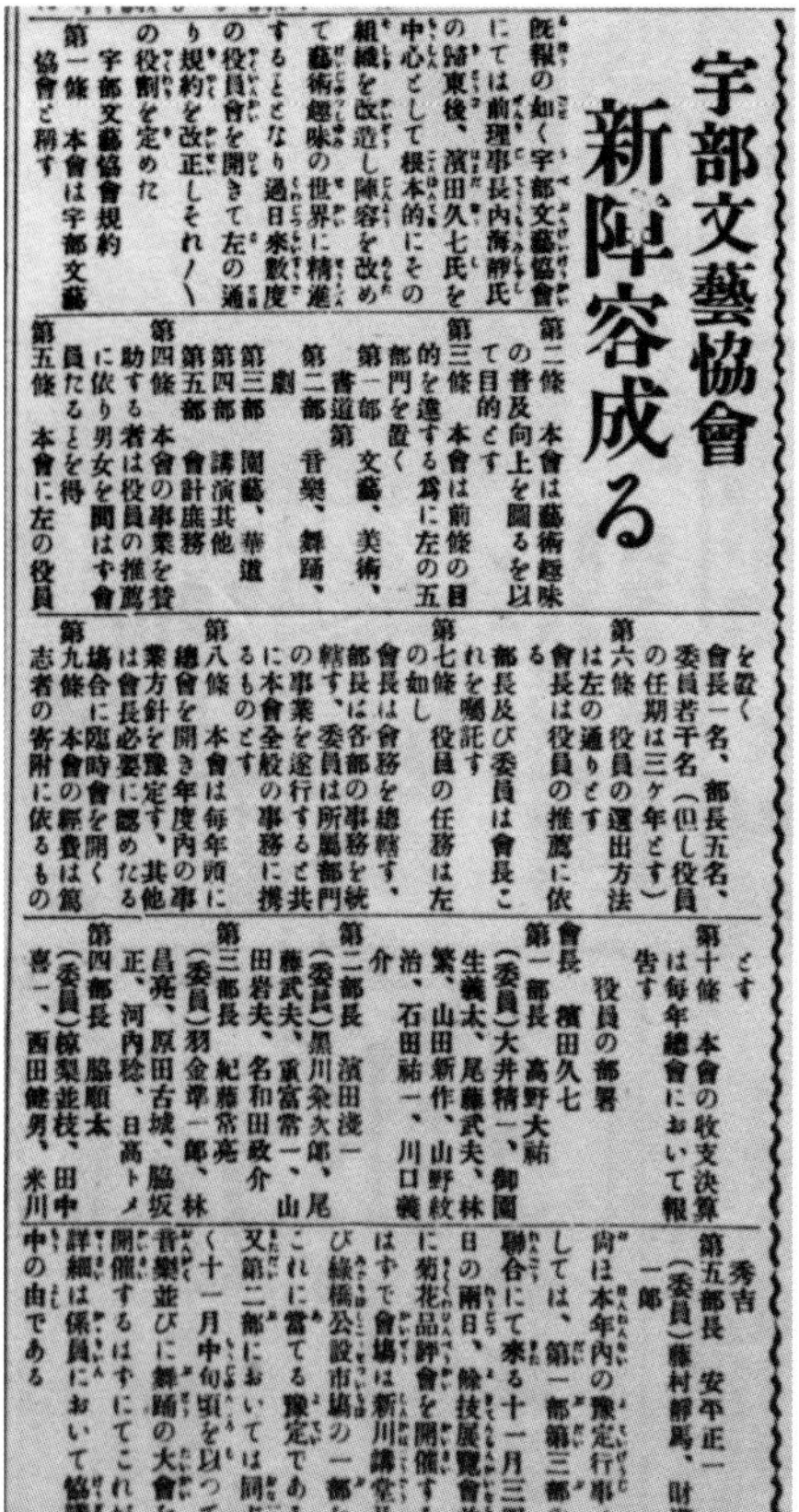

宇部文藝協會新陣容成る

既報の如く宇部文藝協會にては前理事長内海靜氏の歸東後、濱田久七氏を中心として根本的にその組織を改造し陣容を改めて藝術趣味の世界に精進するとなり過日來數度の役員會を開きて左の通り規約を改正しそれ〴〵の役割を定めた

宇部文藝協會規約

第一條　本會は宇部文藝協會と稱す
第二條　本會は藝術趣味の普及向上を圖るを以て目的とす
第三條　本會は前條の目的を達する爲に左の五部門を置く
第一部　文藝、美術、書道
第二部　音樂、舞踊、劇
第三部　園藝、華道
第四部　講演其他
第五部　會計庶務
第四條　本會の事業を贊助する者は役員の推薦に依り男女を問はず會員たることを得
第五條　本會に左の役員を設く
會長一名、部長五名、委員若干名（但し役員の任期は三ケ年とす）
第六條　役員の選出方法は左の通りとす
會長は役員の推薦に依る
部長及び委員は會長これを囑託す
第七條　役員の任務は左の如し
會長は會務を總轄す、部長は各部の事務を統轄す、委員は所屬部門の事業を遂行すると共に本會全般の事務に携るものとす
第八條　本會は毎年頭に總會を開き年度内の事業方針を豫定す、其他は會長必要に認めたる場合に臨時會を開く
第九條　本會の經費は篤志者の寄附に依るものとす
第十條　本會の收支決算は毎年總會において報告す

役員の部署
會長　濱田久七
第一部長　高野大祐
（委員）大井精一、御園生義太、尾藤武夫、林繁、山田新作、山野紋治、石田祐一、川口義介
第二部長　濱田淺一
（委員）黒川粂次郎、尾藤武夫、重富常一、山田岩夫、名和田政介
第三部長　紀藤常亮
（委員）羽金準一郎、林昌亮、原田古城、脇坂正、河内稔、日高トメ
第四部長　脇順太
（委員）篠梨並枝、田中喜一、西田健男、米川秀吉
第五部長　安平正一
（委員）藤村靜馬、財滿一郎

尚ほ本年内の豫定行事としては、第一部第三部の聯合にて來る十一月三四日の兩日、餘技展覧會並に菊花品評會を開催するはずで會場は新川講堂及び綠橋公設市場の一部をこれに當てる豫定である
又第二部においては同じく十一月中旬頃を以って音樂並びに舞踊の大會を開催するはずにてこれが詳細は係員において協議中の由である

昭和２年９月９日付『宇部時報』
「宇部文藝協会新陣容成る」

初代会長・濵田久七

宇部文藝協会の初代会長・濵田久七について紹介する。本稿は久七の六男・濵田外夫氏（昭和三年生まれ）が中心になってまとめた『濵田久七と子孫　ゆかりの人々』（私家版）を基にしている。

濵田家は大内氏時代から小串（宇部市）に居を構えたと伝わる旧家であった。久七は明治一六（一八八三）年に濵田久八と（高良）ツセとの間に生まれた濵田家一一代目だった。明治三〇年に渡邉祐策が沖ノ山炭鉱を創業した際の同志の一人で、昭和三（一九二八）年に同鉱が株式会社化されたときは筆頭株主にもなっている。

濵田久七（濵田外夫氏提供）

久七は東京師範学校（現、筑波大学）を卒業し、二六歳まで教師をしていた。しかし趣味の美術や絵画を学ぶために東京美術学校（現、東京芸術大学）に在籍して日本画も学んでいた。萩出身の日本画・松林桂月に師事して自らも日本画を描き、晩年には炭鉱経営で得た財を投じて、自宅に延べ一〇人ほどの画家を寄宿させてもいた。

早い時期から〝濵田美術館〟を宇部に造る構想も練っていたという。

昭和二年には石炭輸送を行うために元山商会を創業し、三菱重工の下関彦島造船所に船舶一二隻を発注するなど、事業を拡大していた。昭和六年には山口市の木梨清一郎（男爵）邸の茶室を自宅に移設している。

こうした興隆期に、宇部文藝協会の初代会長を担うのだ。昭和四年八月八日の『宇部時報』での南蛮音頭での歌詞募集「宇部俚謡　南蛮音頭　懸賞大募集」における賞金の全てを久七が捻出してもいた。

実際に『新川から宇部へ』が語るところでは、当時、沖ノ山炭鉱の営業部長だった濵田久七は多額の私費を投じ、文藝協会の名でレコードを吹き込み、市内で売りさばくと同時に、東京、大阪、名古屋の出張所を通じて取引先に配布し「沖ノ山王国」の宣伝に努めたという。新民謡ブームは、宇部においては石炭販路の拡大と軌を一にしていたことになる。

また、『濵田久七と子孫　ゆかりの人々』は、入賞作の歌詞の補作を野口雨情に依頼したのも久七だったと明かしている。これは徳川家の菩提寺の芝・増上寺の法主だった宇部出身の道重上人に仲立ちをしてもらい、野口雨情を紹介してもらったのだとか。

その後、島の濵田久七邸は大東亜戦争（太平洋戦争）により焼失した。そこで戦後に久七の長男・湊（明治四一年生まれ）が本邸の焼け跡地一〇〇〇坪を宇部市に寄贈し、そこに図書館（旧・宇部市立図書館）が建つのである。

濵田家から提供された土地に、宇部共同義会が昭和二五年に解散する際に宇部市に寄付した余剰金を使って完成した島の宇部市立図書館（昭和二八年八月落成式）が、戦後の郷土の活字文化を支えたのも面白い話である。

濵田本家遠景。背景は渡邊翁記念会館（昭和 13 年ころ・濵田外夫氏提供）

濵田久七邸に移築された木梨精一郎邸の茶室（濵田外夫氏提供）

濵田久七邸と旧・宇部市立図書館（宇部市学びの森くすのき蔵）

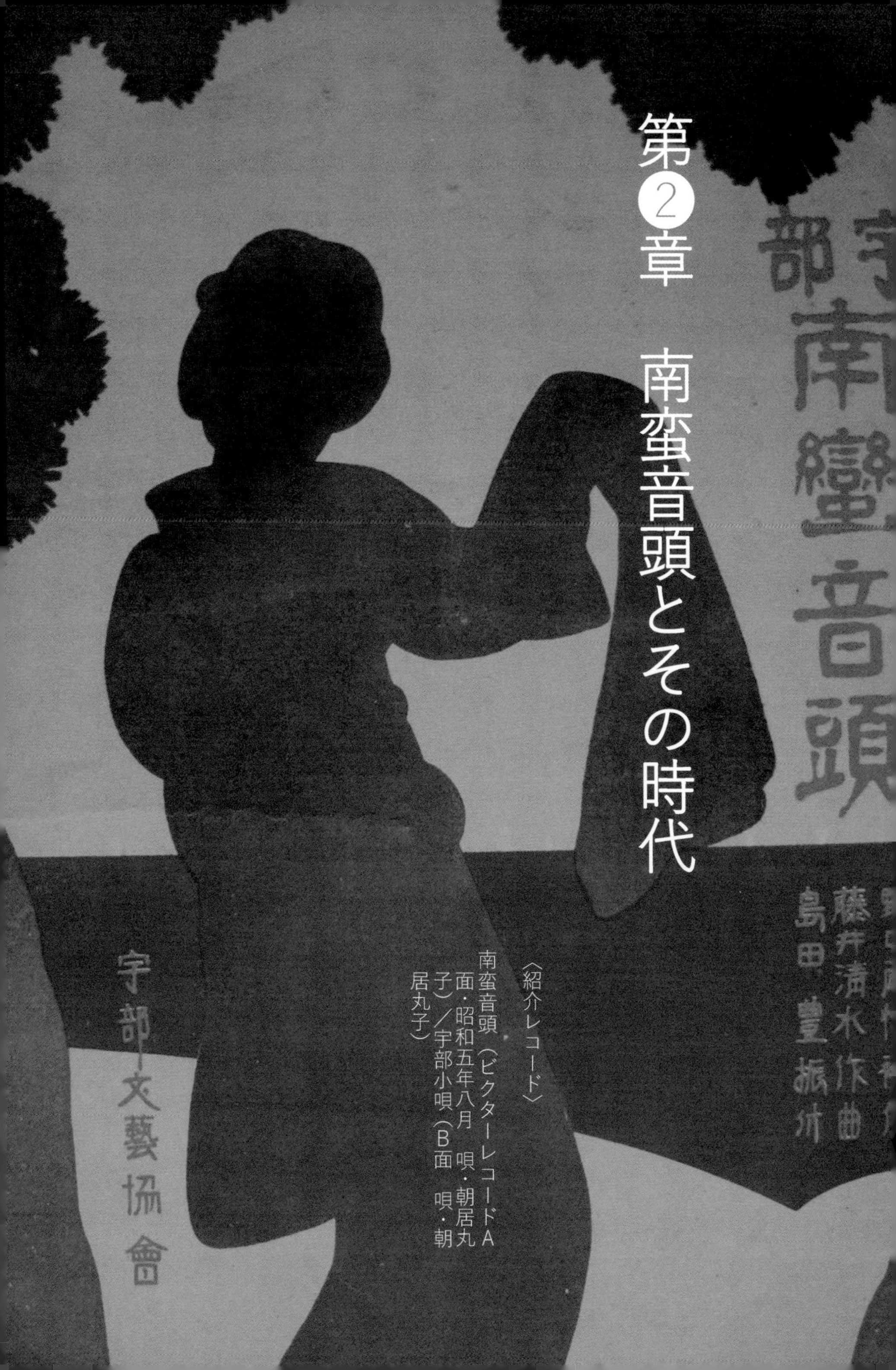

第2章 南蛮音頭とその時代

〈紹介レコード〉
南蛮音頭（ビクターレコードA面・昭和五年八月　唄・朝居丸子）／宇部小唄（B面　唄・朝居丸子）

「南蛮音頭」懸賞大募集

昭和三（一九二八）年は昭和天皇の即位の年で、宇部市でも多くの記念行事が行われた。一〇月に沖ノ山炭鉱が株式会社となり、一一月に神原公園に福原越後の銅像が除幕されるといった流れである（『炭山の王国』）。

ちなみに一一月一一日には御大典奉祝聯合報徳会が新川小学校で祝賀会を開き（一一月九日付『宇部時報』）、一一月二五日と二六日は沖ノ山炭鉱三〇周年と株式化の祝賀行事が行われている（一一月六日付『宇部時報』）。

「沖ノ山炭鑛株式会社三十周年祝賀」杯（堀磨旧蔵・宇部市学びの森くすのき蔵）

当時、沖ノ山炭鉱人事課に勤務していた堀磨（堀雅昭の祖父）遺品中の「沖ノ山炭鑛株式会社三十周年祝賀」の銘文入りの盃も、このときの記念品だろう。

また、御大典記念祝賀のムードの中、昭和三年九月には西区上町四丁目の自耕社から文芸誌『無辺』が創刊されていた。興味深いことに創刊号誌面に「時代に朽ちる南蛮唄」という記事が見える。明治四二（一九〇九）年に建立された常盤湖畔の向田兄弟碑」をテーマにして、向田兄弟が天保一一（一八四〇）年に発明した「南蛮車」と、これを人力で回わして石炭を搬出する際に唄われた「南蛮唄」についての言及だ。労働歌の「〽南蛮押す人ほとけの暮し、米の飯くて線香焚く」や「〽南蛮押せ押せ鼻取りや眠れ、眠る間に線香吹け」など、線香を焚いて交代時間を計る様子がわかる歌詞の紹介である。こうした「南蛮唄」は一五〇首ばかりあったらしい。

文芸誌『無辺』の発行は、宇部文藝協会と直接の関係はない。だが、昭和四年四月刊の四月号には「自耕社同人」として林昌亮、兼安英哲、田中華城、中安閑一、村田義夫、国吉省三、高良四郎などの宇部市の若手リーダーたちの名が並び、市民の文芸活動を支える「共存同栄」精神が、やはり感じられる。既述のように『宇部時報』の紙上で「宇部俚謡　南蛮音頭　懸賞大募集」の記事が出たのが一年後の昭和四年八月八日である（第一章「初代会長・濱田久七」）。このとき宇部文藝協会は、あたかも『無辺』の記事と連動するように「南蛮唄」を石炭の宣伝歌にリニューアルする行動に出たことになる。

おりから日本各地でも、新民謡ブームが起きていた。『詩歌と戦争』によれば、関東大震災が起きた大正一二（一九二三）年に野口雨情の作詞、中山晋平の作曲で完成した「須坂小唄」のヒットから新民謡がブームになったとしている。野口と中山が手掛けた「船頭小唄」も流行歌として知られていた時期だった。

時代の火付け役だった野口を、「南蛮唄」のリニューアルの際に、宇部文藝協会とつなげたのは増上寺の道重上人だったという。

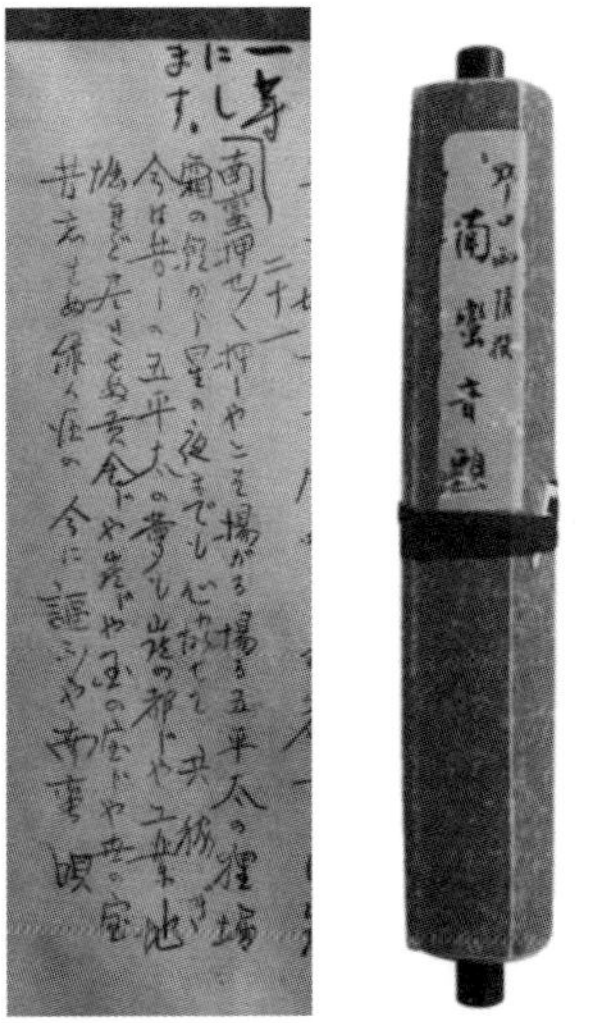

「野口雨情撰　南蛮音頭」の巻物と所収される「一等にします」と示された金子千壽夫の歌詞（濵田浅一旧蔵・宇部市学びの森くすのき蔵）

野口雨情肖像（濵田浅一旧蔵・宇部市学びの森くすのき蔵）

とはいえ、全面的に野口に作詞を任せたわけではなく、市民からの歌詞募集の形をとる。予定していた作曲家は町田嘉章（佳声）で、締め切りは昭和四年九月一〇日であった（同日付『宇部時報』）。

九月二九日には岡村旅館（旧・松濤園）で、新宅正一（宇部紡績会社）、山縣素介（宇部セメント製造）、杉山道香（沖ノ山炭鉱）、藤本政郎（東見初炭鉱）、高橋岩太郎（沖見初炭鉱）、山田亀之介（宇部中学校）、田中直民（宇部高等女学校）たちと文藝協会の理事十数名で予選選考会が開かれる（九月二八日付「宇部時報」）。

その後、予選通過の詩を持って一等選歌と補作用の唄作り、作詞のための視察等の交渉で、第二部長の濱田浅一が上京して野口雨情と相談、藤井清水が作曲する段取りとなる（一一月一三日付『宇部時報』）。当初予定されていた町田嘉章の作曲案は流れた。

ちなみに昭和五年一月一日付『宇部時報』の「懸賞募集　南蛮佳作発表」欄に見える金子千壽夫が創作した歌詞が、濵田浅一旧蔵の「野口雨情撰　南蛮音頭」の巻物に所収される作品の中で、「一等にします」と野口の字で筆書きされた次の歌詞と一致している。

〈南蛮押せ〱押しやこそ揚がる揚る五平太の狸堀〉

濵田浅一の記した「宇部民謡の出来るまで」（宇部市学びの森くすのき）には、「応募総数は約参百通に達した」と墨書がある。その最終選考を野口に依頼し、野口が補作する形をとったのであろう。

ところで金子千壽夫が一等に選ばれたが、前掲「懸賞募集　南蛮佳作発表」によれば、一等、二等、三等の順位はつけず、最終選考まで残った佳作一三組全てに各一〇円の賞金を出すことになったという。金子の名を明記しなかったのは主催者側の落度であろう（レコーディングされた際の朝居丸子の名も発表されてない）。

濵田浅一旧蔵「野口雨情先生略歴」を翻刻しておく。

〈名は英吉、明治十五年五月二十九日　茨城縣多賀郡磯原に生る　その祖は楠正季〔※1〕の末流で生家観梅亭〔※2〕は徳川副将軍水戸義公〔※3〕の命名とある。明治三十四年　早稲田大学英文科中退　明治四十年　相馬御風〔※4〕、三木露風、〔※5〕、小川未明〔※6〕、人見東明〔※7〕らと早稲田詩社を結成する　この年　北海道にわたり石川啄木と親交を結ぶ〉

〔※1〕正しくは楠木正季（くすのきまさすえ）。

〔※2〕正しくは「観海亭」。磯原の海を望むように建つため。

〔※3〕水戸藩二代目藩主の水戸光圀（水戸黄門）のこと。

〔※4〕本名は相馬昌治。新潟県糸魚川町に明治一六年に生まれた作詞家、翻訳家、随筆家。

〔※5〕明治二二年に兵庫県龍野市に生まれた童謡「赤とんぼ」の作詞者。

〔※6〕明治一五年に上越市高田で生まれた小説家、童話作家。

〔※7〕明治一六年に東京で生まれた詩人。

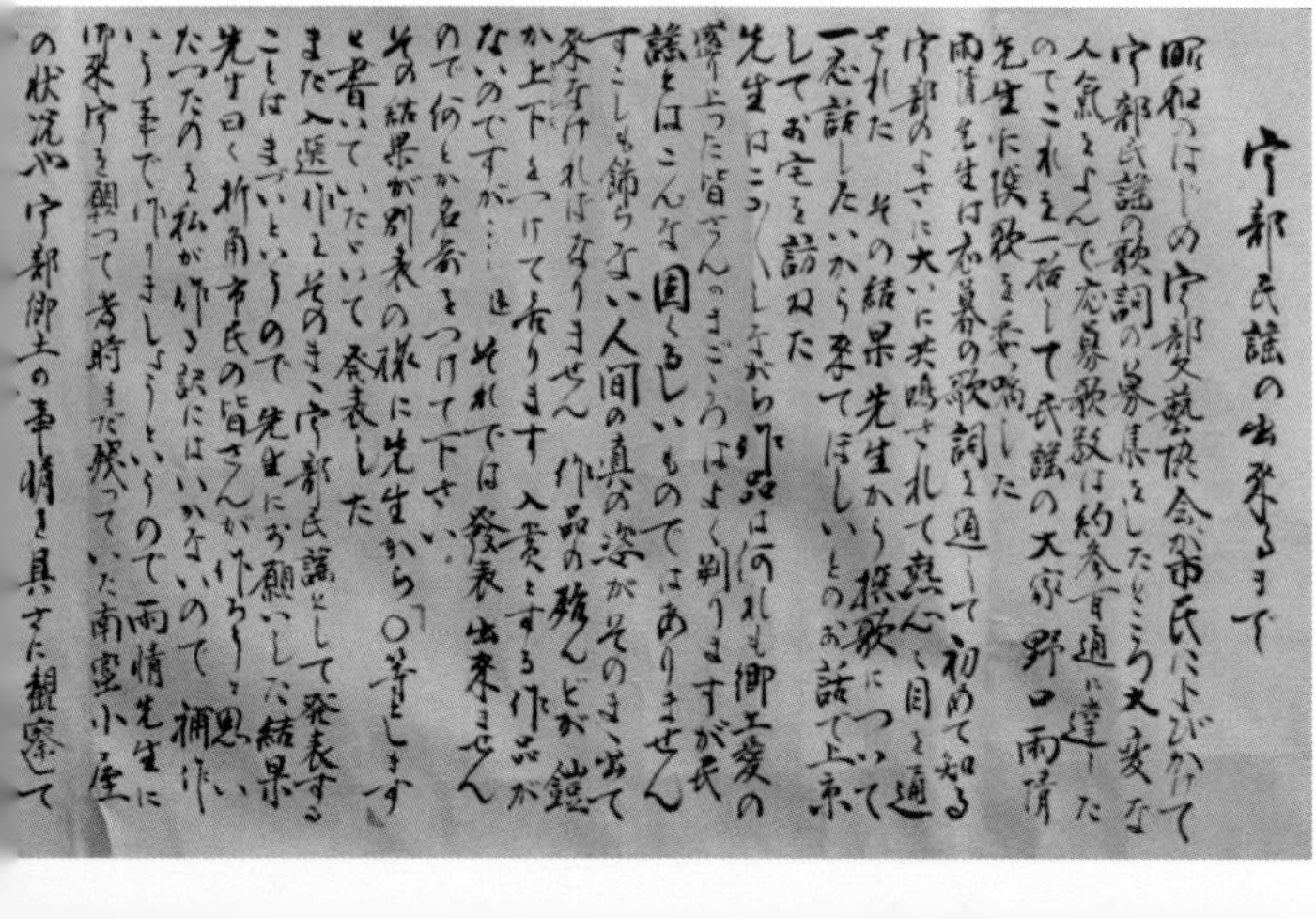
宇部民謡の出来るまで
昭和のはじめ宇部文藝協会が市民によびかけて宇部民謡の歌詞の募集をしたところ大変な人気をよんで応募歌数は約参百通に達したのでこれを一括して民謡の大家野口雨情先生に選歌を委嘱した
雨情先生は応募の歌詞を通読して初めて知る宇部のよさに大いに共鳴されて熱心に目を通された　その結果先生から撰歌について一応話したいから来てほしいとのお話で上京してお宅を訪ねた
先生はこうしてから作品は何れも郷土愛の溢れた皆さんのまごころはよく判りますが民謡とはこんな固くるしいものではありませんすこしも飾らない人間の真の姿がそのまま出て来なければなりません　作品の殆んどが鎧か上下をつけて居ります　入賞とする作品がないのですが……　それでは発表出来ませんので何とか名前をつけて下さい
その結果が別表の様に先生から「〇等とします」と書いていただいて発表した
また入選作をそのまま宇部民謡として発表することはまずいというので先生にお願いした結果先生曰く折角市民の皆さんが作ろうと思ったのを私が作る訳にはいかないので補作ということで作りましょうというので雨情先生に御来宇を願って当時まだ残っていた南蛮小屋の状況や宇部郷土の事情を具さに観察して

昭和四年の「時報日新歌」

南蛮音頭の歌詞募集が行われた時期に、宇部時報社も社歌「時報日新歌」を作っていた。昭和四（一九二九）年七月一五日に日刊三周年を迎えた記念として、宇部時報社長で宇部文藝協会の第四部長だった脇順太が作詞したものである。当時主筆だった杉谷敏一氏の遺品に、歌詞を写した画像が残されていた（『宇部日報一〇〇年小史』）。一番歌詞は次である。

〽大東清き大空を　漏るゝ朝日に　今日も亦
希望の光り　仰ぎつゝ
勇みて起（た）たん　諸共（もろとも）に

宇部時報社で原稿を書く主筆の杉谷敏一氏。文鎮代わりに日本軍の榴弾を机上に置いている（昭和13年・杉谷敏一氏旧蔵）

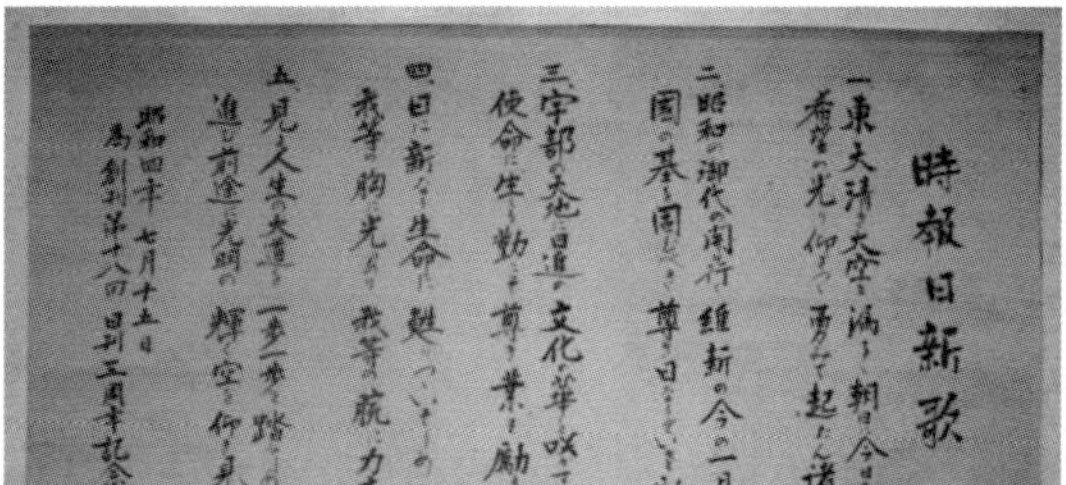

時報日新歌

一、東大清き大空を漏るゝ朝日に今日も亦　希望の光り仰ぎつゝ勇みて起たん諸共に
二、昭和の御代の開行　維新の今の一日は　国の基を固くして尊き日をいや励め
三、宇部の天地に日進の文化の華を咲かすべき　使命に生きて勤しみて尊き業を励まむ
四、日に新たなる生命に甦へりつゝいやのぼる　我等の胸も光ありて我等の旅に力あれ
五、見よ人生の大道を一歩一歩と踏みしめて　進む前途に光明の輝く空を仰ぎ見よ

昭和四年七月十五日
為創刊第千八十八回日刊三周年記念

宇部時報社の社歌「時報日新歌」（昭和4年7月15日に日刊3周年記念で脇順太が作詞・杉谷敏一氏蔵）

濵田浅一
（濵田素明氏旧蔵）

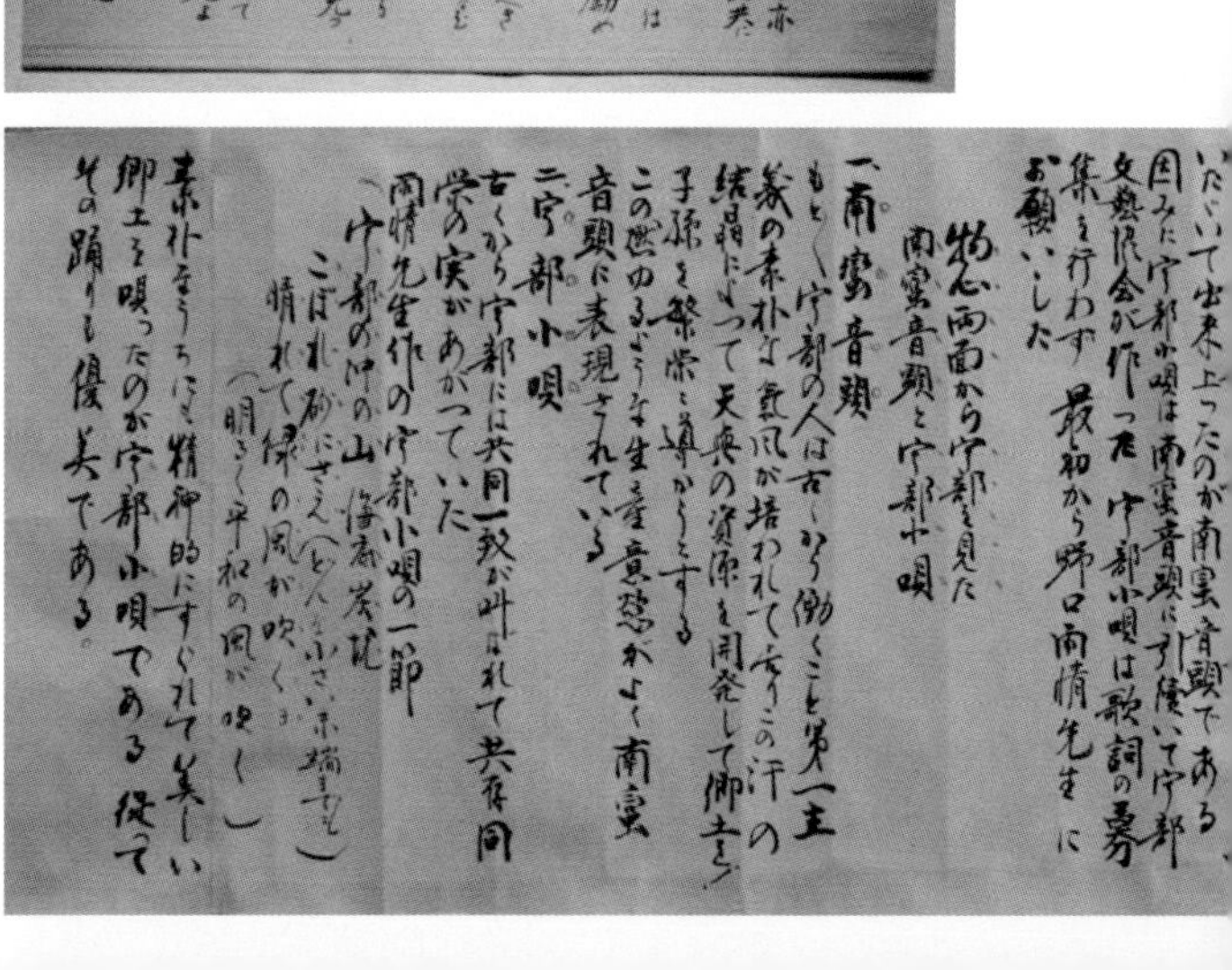

…ないで出来上ったのが南蛮音頭である
因みに宇部小唄は南蛮音頭に引続いて宇部文藝協会が作った　宇部小唄は歌詞の募集を行わず　最初から野口雨情先生にお願いした

物心両面から宇部を見た
南蛮音頭と宇部小唄

一、南蛮音頭
もともと宇部の人は古くから働くことを第一主義の素朴な気風が培われて来た　この汗の結晶によって天与の資源を開発して郷土を子孫の繁栄に導かうとする　この世の中のよろこびを生きる意慾がよく南蛮音頭に表現されている

二、宇部小唄
古くから宇部には共同一致が叫ばれて共存同栄の実があがっていた
雨情先生作の宇部小唄の一節
〽宇部の沖の山　海底炭坑
こぼれ砂にさえ（とんと小さい木端までも）
晴れて緑の風が吹く（明るく平和の風が吹く）
素朴ながらほど精神的にすぐれて美しい郷土を唄ったのが宇部小唄である　従ってその踊りも優美である。

濵田が記した「宇部民謡が出来るまで」
（濵田素明氏旧蔵）

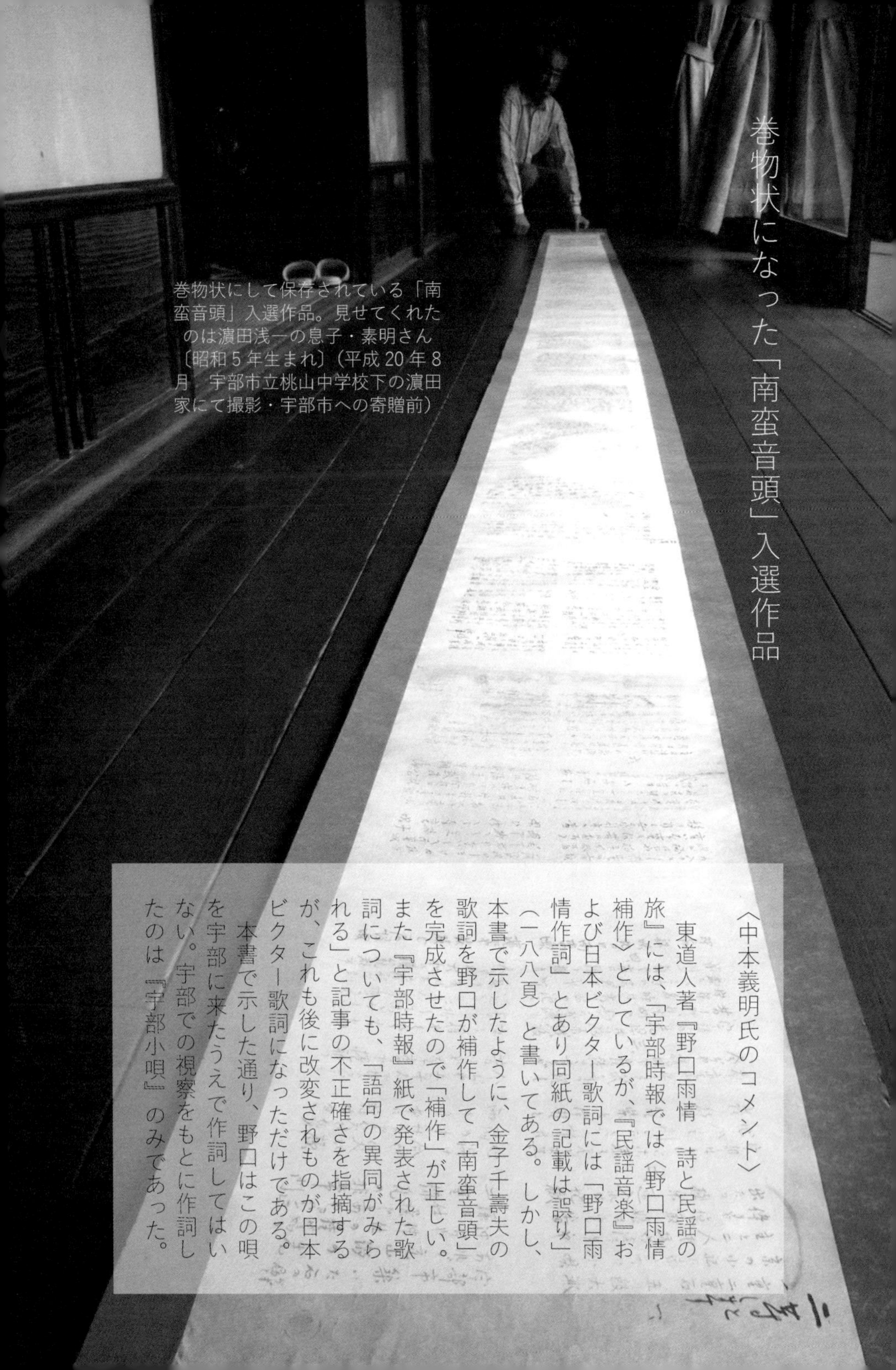

巻物状になった「南蛮音頭」入選作品

巻物状にして保存されている「南蛮音頭」入選作品。見せてくれたのは濵田浅一の息子・素明さん〔昭和5年生まれ〕（平成20年8月、宇部市立桃山中学校下の濵田家にて撮影・宇部市への寄贈前）

〈中本義明氏のコメント〉

東道人著『野口雨情　詩と民謡の旅』には、「宇部時報では〈野口雨情補作〉としているが、『民謡音楽』および日本ビクター歌詞には「野口雨情作詞」とあり同紙の記載は誤り」（一八八頁）と書いてある。しかし、本書で示したように、金子千壽夫の歌詞を野口が補作して「南蛮音頭」を完成させたので「補作」が正しい。また『宇部時報』紙で発表された歌詞についても、「語句の異同がみられる」と記事の不正確さを指摘するが、これも後に改変されたものが日本ビクター歌詞になっただけである。

本書で示した通り、野口はこの唄を宇部に来たうえで作詞してはいない。宇部での視察をもとに作詞したのは『宇部小唄』のみであった。

「南蛮音頭」の完成

宇部文藝協会は募集歌詞の締切り時に早くもレコード化することを公言していた。締切り当日の昭和四（一九二九）年九月一〇日付の『宇部時報』では、すでに見たようにコロムビア蓄音器会社専属の作曲家・町田嘉章（佳声）に作曲を頼み、藤間流舞踊家元の藤間静枝（後の藤蔭静樹）に振り付けを頼んでレコードに吹き込み、広島放送局で放送してもらう計画だったのである。

藤井清水（『作曲家　藤井清水』）

その後、レコード会社がビクターに、さらに作曲家も藤井清水に変わるのだが、そのころの藤井の心境がわかる講演「地方唄と民謡の相関性」（昭和三年刊『ＪＯＣＫ講演集第五輯』）を見ておく。

当時の藤井にとって、民謡を尊重する心は郷土を愛する心に他ならず、「國土を愛し民族精神を尊重する事」につながるものだった。「外国では政府の力で其の國民謡を研究保護する機關として民謡協會といふものが出來で居る」とも語っていた。これは『随筆　獨伊と日本』（昭和一四年刊）で、ドイツやイタリアのファシスト体制下で、文化事業部として古典古俗の研究や昔話、伝説神話、山間僻地の民謡を発掘し、「近代的の藝術的意匠」を加えて「新しい固有の民族文化を創作せん」というファシズム国家の文化政策を示しているものと思われる。

いずれにせよ藤井の努力で曲も出来上がり、藤井自身も宇部入りをして、芸妓二〇名（宇部市の東西券番の芸妓たち）が参加して堀辺旅館（東本町一丁目にあった老舗旅館）で昭和四年一一月一三日と一四日に、藤井の指導で教授した（一一月一三日及び一五日付『宇部時報』）。

一三日には金子千壽夫の創作に野口雨情が補作した歌詞も郵送で届いたので（一一月一四日付『宇部時報』）、譜をつければ完成だった。

振付の島田豊が大阪から宇部入りしたのは一一月二四日夜で、二五日朝には沖ノ山炭鉱の南蛮小屋を見学。午後二時から東西券番の芸妓や市内の踊りの師匠を集めて、二様の踊りを教えた。一様は舞台用で、もう一様は盆踊りのように円陣で行進しながらの踊りである（一一月二六日付『宇部時報』）。

ところで、一一月一四日付『宇部時報』に発表された歌詞は、

〽はぁ…　南蛮押せ〱　押しやこそ揚がる　「アト山　サキ山　お前はバンコか　ギッコラサ」　揚がる五平太のヤットコセ　狸掘りヨ

であるが、一一月二一日付の同紙での改正歌詞は、

〽ハー　南蛮押せ〱　押しやこそ揚がる　揚がる五平太の「ヤットコセ」　竪坑掘りヨ　「アト山　サキ山　お前はバンコか　ギッコラサ」　揚がる五平太の「ヤットコセ」　竪坑掘りヨ

といった具合に、「狸掘り」が「竪坑掘り」に変わり、囃子詞の位置の変更や歌詞の追加などがされている。

なお、レコードの裏面に入れる「宇部小唄」の作詞作曲の準備もはじまっていた。濵田浅一の「宇部民謡が出来るまで」には、「宇部小唄は歌詞の募集を行わず最初から野口雨情先生にお願いした」と記されている。

昭和 10 年 5 月 17 日撮影の「野口雨情先生岩国小唄来詠記念」写真。右から永田新之允〔岩国町長〕、中塚豊〔岩国町会議員〕、野口雨情、森川憲之助（岩国徴古館蔵）

さて、一一月二一日付の『宇部時報』はご当地ソングが出来ていない山口県では、「宇部における南蛮音頭を以て嚆矢とする」と報じていた。昭和一〇年五月に野口が県内各地を訪ね、萩小唄、湯本小唄、仙崎小唄、秋吉小唄、上関どんでん節、柳井小唄、岩国からんころん節、久賀小唄、室積小唄（推測）などを作ったと『野口雨情詩と民謡の旅』は語る。なるほど岩国市に「昭和十年五月十七日撮影　野口雨情先生岩国小唄来詠記念」と題する記念写真が残る。昭和一〇年の新民謡によるブランド化も、宇部の「南蛮音頭」から始まっていたのである。

ラジオ放送と「南蛮」

金子千壽夫作詞、野口雨情補作、藤井清水作曲の「南蛮音頭」が完成したときの藤井のコメントが以下である。「伝統を無視して新しき郷土民謡は意義を成さぬ。むしろそれを尊重して更に現代のものとして甦生せしめるのが郷土民謡の使命であらねばならぬ。この南蛮音頭には多少以前からの南蛮唄の諧律に似通ふた点もあるが、それはその古い曲節の繋ぎ合わせではない」（昭和四年一一月一四日付『宇部時報』）。

広島中央放送局演奏所（『広島中央放送局開局十年史』昭和 15 年刊）

こうして「南蛮音頭」は昭和四（一九二九）年一二月一五日に広島放送局（日本放送協会中国支部広島放送局）で放送される。前年（昭和三年）七月にラジオ放送が開始されたばかりだった。

演奏したのは宇部の東の券番の老松町（遊郭）と、西の券番の桜町の芸妓連中である。唄が〆子、吉之助（西券）、菊五郎（東券）。三味線が芳丸、須磨子（東券）、おはん（西券）。太鼓が長三郎（東券）。ピアノが井上よし子。尺八が日吉正茂だ（昭和四年一二月一〇日付『宇部時報』）。

ところが「遊蕩気分をそゝる」との風評がたつ。このため東京、大阪、名古屋への宇部石炭の販路拡大を目的とした「産業歌」であると、わざわざ昭和五年一月一四日の『宇部時報』で報じる始末だった。

宇部文藝協会は、レコード裏面用の「宇部小唄」の作詞を野口雨情に依頼し、野口は昭和五年一月一二日に初来宇した。第二部長の濵田浅一が宇部新川駅に野口を迎えに行くと、岡村旅館（旧・松濤園）に直行して休息。市役所を案内して三階から宇部市内を一望。次に常盤池に向かい、南蛮茶屋から南蛮碑、蒸枠記念碑、蒸枠記念碑、飛び上がり地蔵などを案内した。また、翌一三日には第四部長の脇順太（宇部時報社長）が琴崎八幡宮を案内し、宇部市憲碑や維新招魂社（現、宇部護国神社）、福原邸跡などを野口に見せて回っていた（同年一月一五日付同紙）。

野口は宇部炭鉱を見学し、「宇部小唄」を作詞したのだ。

こうして昭和五年三月一五日に、「宇部小唄」と「南蛮音頭」を再び広島放送局で放送することになる。ここでも「東西両券番の姐さん」たちが演奏や唄に大活躍した（同日付『宇部時報』）。

〈昭和三〇年代まで使われていた「南蛮」〉

人力による石炭や水の巻き上げ装置「南蛮（なんば）」は天保一一（一八四〇）年に亀浦の九重郎と兄・七右衛門により発明された（『山口炭田三百年史』）。宇部市では向田兄弟として知られ、常盤公園内に明治四二（一九〇九）年に宇部共同義会と厚狭郡鉱業組合により建立された向田兄弟の碑があ る。同じく常盤公園内に残る南蛮茶屋は、大正六年八月に結成された「宇部村慈恵会」が、没落した向田兄弟の遺族を救済するために義援金を募り建てられた家屋であった（大正六年八月一二日付『宇部時報』）。

昭和 30 年代まで稼働していた南蛮（宇部市学びの森くすのき蔵）

昭和 4 年 12 月 15 日に、広島放送局のマイクの前で「南蛮音頭」を演奏する宇部の芸妓たち（昭和 5 年 3 月 21 日付『宇部時報』）

九州に渡った「南蛮」と「炭坑唄」のレコード

宇部で発明された「南蛮」は、「長州南蛮と称せられて九州まで普及していった」（『山口炭田三百年史』）という。

田川市石炭・歴史博物館が所蔵する山本作兵衛の作品を収録した『炭坑（ヤマ）の語り部　山本作兵衛の世界』には、「ナンバ」と題する絵がある。たとえば三井山野炭鉱（明治三一年開坑）のボイラーを大きな糸車状の「南蛮」を四人の男たちが回して、ロープを巻き上げて移動させている図だ。あるいは「明治後期」の様了として、馬に「南蛮」式のドラムを回させている図も見える。明治期には九州でも「南蛮」が炭鉱で使われていたのだ。実際、『鞍手町誌　中巻』には、水谷の鎌ヶ谷坑では明治末年まで「ナンバ」を用いていたとしている。

ところで筑豊で炭鉱関連の歌「炭坑唄」がレコード化されたのが昭和七年のことだ。「後藤寺小唄」とのカップリングで、後藤寺町券番の第二（長尾イノ）等三人が日東レコードに吹き込んだものだった。レーベルに「歌二二」とあるのがイノのことだ。『炭坑節物語』によると、吹込みは昭和六年四月。イノの夫・長尾達生は炭鉱主だった。

田川出身の赤坂小梅が唄った『正調炭鑛節』がコロムビアレコードから発売されたのは、戦後の昭和二三年で、これが一世を風靡した。しかし宇部の南蛮音頭のレコード化（昭和五年）のほうが、筑豊より早かったことは興味深い。「南蛮」と同様、宇部が先駆けになっていた石炭の音楽文化は貴重といえる。

昭和７年にレコード化された「炭坑唄」
（田川市石炭・歴史博物館蔵）

昭和五年の「春季特別大音楽会」

ラジオ放送での成功に勢いづいた宇部文藝協会は、昭和五（一九三〇）年三月二一日と二二日の両日、新川座で「春季特別大音楽会」を開く（昭和五年三月一八日付『宇部時報』）。

戦後にセントラル大和（中央大和・宇部市中央町三丁目）があった場所に、当時は新川座があった。米騒動時に検挙者を収容したので（『炭山の王国』）、大正七（一九一八）年にはあったようだ。とはいえ大正一二年刊の『宇部市案内』には、大正一〇年に組合組織から中村次之助の個人経営となり、大改築されていた。「春季特別大音楽会」が開催された建物は、入口の両側に「四階楼」を備えた華やかなる「異形」を放つ改築後の建物である。

そんな新川座に、広島方面からも多くの助っ人が加わり、西券番と東券番の芸妓たちが主導する形で「宇部小唄」と「南蛮音頭」を唄い踊る催しが開かれたのだ。

しかも売れっ子歌手の八馬圭一（はちうまけいいち）と八馬と同門でイタリアのオペラ歌手・サルコニの指導を受けて音楽学校を卒業したばかりのテノール歌手・能美正彦が特別出演する盛り上がりようであった。

「春季特別大音楽会」の会場となった新川座。宇部時報主筆の杉谷敏一が大正一一年に写した入り口の四階楼には、モダンな意匠が施されている（杉谷家蔵）

左・八馬圭一（昭和4年6月22日「八馬圭一日本歌謡独唱會」パンフレット・尼崎市立歴史博物館蔵）

右・能美正彦（昭和5年2月23日付『読売新聞』）

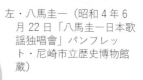

ビクターレコード「南蛮音頭」登場

「新作民謡」としての「南蛮音頭」と『宇部小唄』のレコード完成が報じられたのが昭和五（一九三〇）年六月二八日付の『宇部時報』であった。製作したのはビクターであり、これが「南蛮音頭」レコード第一号となる。収録された「南蛮音頭」の歌詞は、金子千壽夫の作詞に、野口雨情が補作をした完成形だった。

〽ハー南蛮押せ〳〵　押しやこそ揚る　揚る五平太の　「ヤットコセ」　竪坑掘りヨ　「アト山　サキ山　お前はバンコか　ギッコラサ」　揚る五平太の　「ヤットコセ」　竪坑掘りヨ

レコードは宇部市を中心に、関門と山口地域の特約店から七月一五日に発売とのことだが、特約店が五千もああるので、一店舗あたり五枚つづ配布しても二万五千枚が必要だった。このため一度にそれだけは準備できないので、とりえず宇部市内のみの販売としている。

なお、ビクター版の初代「南蛮音頭」は朝居丸子（※）が唄っている。このレコードは残存数が少なく、地元では僅かにコレクターの白石功氏の所蔵のものが確認できる程度で、レーベルの「51349-A」が「南蛮音頭」、「51349-B」が「宇部小唄」となっている。これによりA面が「南蛮音頭」、B面が「宇部小唄」とわかる。なお、「宇部小唄」も朝居丸子が唄っている。

（※）朝居丸子は日本橋芸者の「丸子」のこと。後に小唄の名手となり浅井丸留子と改名した（『小唄の歴史』）。

昭和５年８月にビクターから発売された「新作民謡　南蛮音頭」。B面は「宇部小唄」（白石功氏蔵）

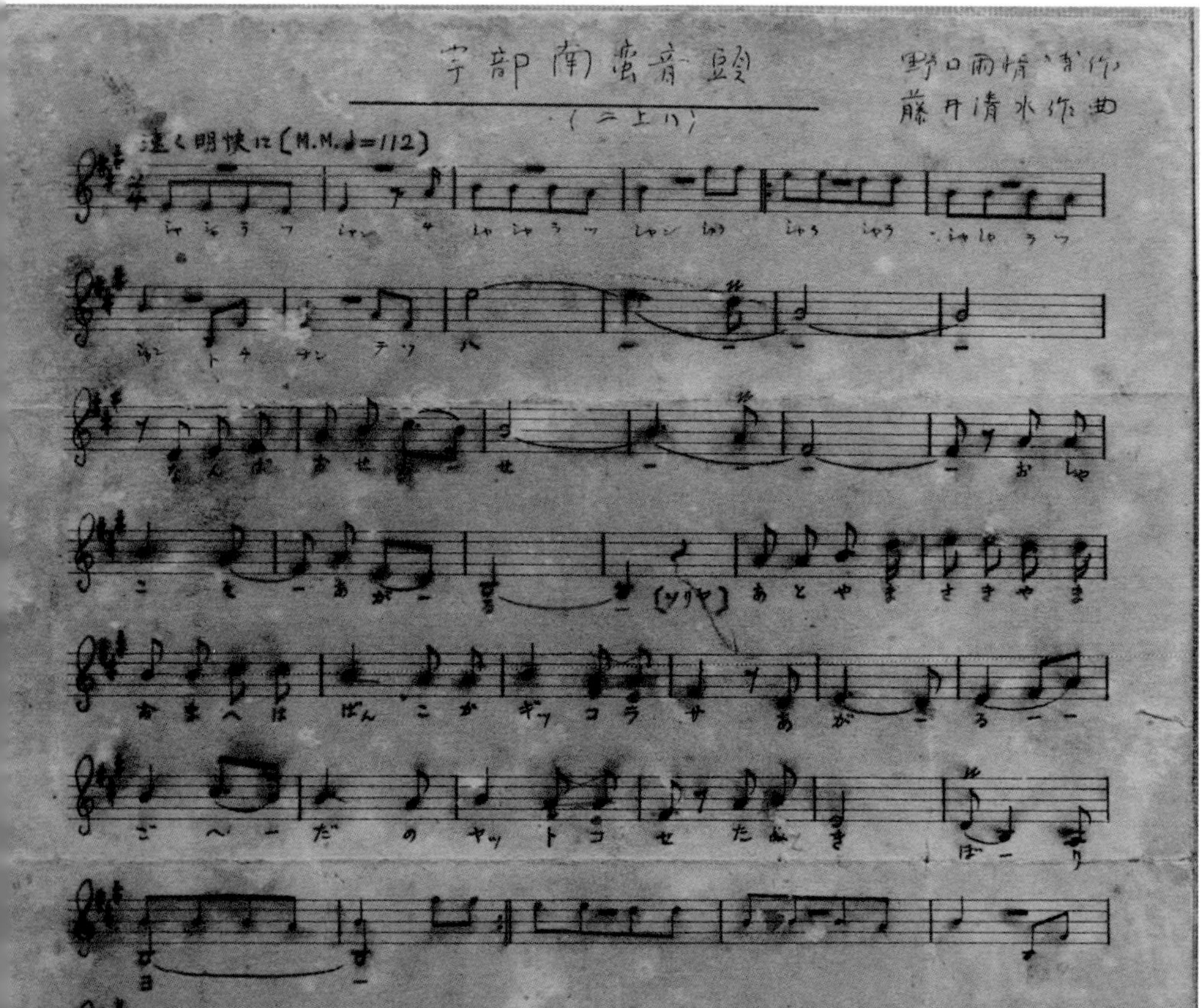

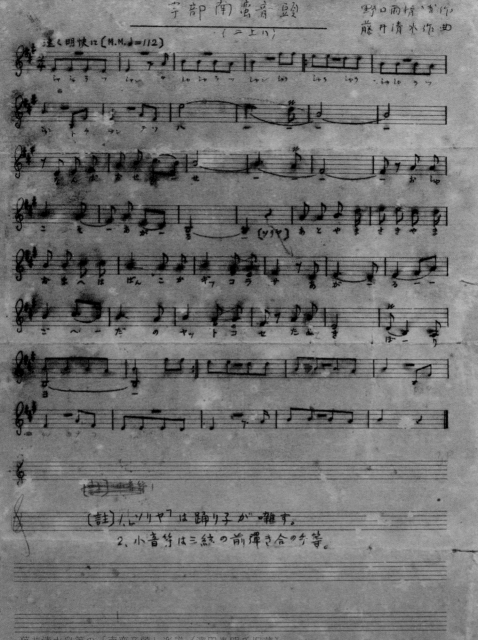

藤井清水自筆の「南蛮音頭」楽譜（濵田素明氏旧蔵）
昭和4年11月14日付『宇部時報』に歌詞が公表された際の楽譜。右上に「野口雨情補作」と見える。一方で、藤井氏が教授する過程で改正が行われ、同21日付の同紙では完成形の歌詞が公表された（34頁参照）

B面「宇部小唄」

宇部文藝協会の第二部長・濵田浅一の家（昭和一六年に浅一が建てた屋敷で宇部市立桃山中学校の下にある。現在は濵田素明氏宅）には「昭和庚午一月」、すなわち昭和五（一九三〇）年一月付で宇部文藝協会が発行した『新調　宇部民謡』と題する小冊子が残っていた（現在は宇部市学びの森くすのき蔵）。

ビクターレコードに収める「南蛮音頭」と「宇部小唄」の楽譜と歌詞を印刷したものだ。

その冒頭の「はしがき」で、「南蛮音頭」は「宇部固有の南蛮唄を基礎として研究補作」したものと明記し、「宇部小唄」については、「市憲の精神を基調とし、地方特有の情調を織り込」んだものと記されている。

そこで、野口雨情が全てを作詞した「宇部小唄」の歌詞を見ておこう。

〽宇部の沖の山　海底炭鑛　こぼれ砂にさへ　ホラサ
　晴れて緑の　風が吹く　ヨ

〽宇部の琴崎　八幡さまの　松の枝ぶりや　ホラサ
　横へ〱と　寝てのびる　ヨ

〽常盤池から　石地蔵さまも　無理はないはづ　ホラサ
　宇部が見たさに　飛び上る　ヨ

〽維新御霊社に　福原さまの　国へ御奉公の　ホラサ
　長州気概が　偲ばれる　ヨ

〽緑橋ァ泣く　錦橋ァ泣いた　いやだ〱よ　ホラサ
　中の新川橋ァ　袖をひく　ヨ

〽宇部に三日ゐりや　浦島太郎　帰ろ帰ろとて　ホラサ
　帰しやせぬもの　帰らりよか　ヨ

〽真占川さへ　この世は浮世　時にや浮名も　ホラサ
　裏と表は　是非はない　ヨ

〽遠く大連　上海までも　ついて行きませう　ホラサ
　宇部の港から　船が出る　ヨ

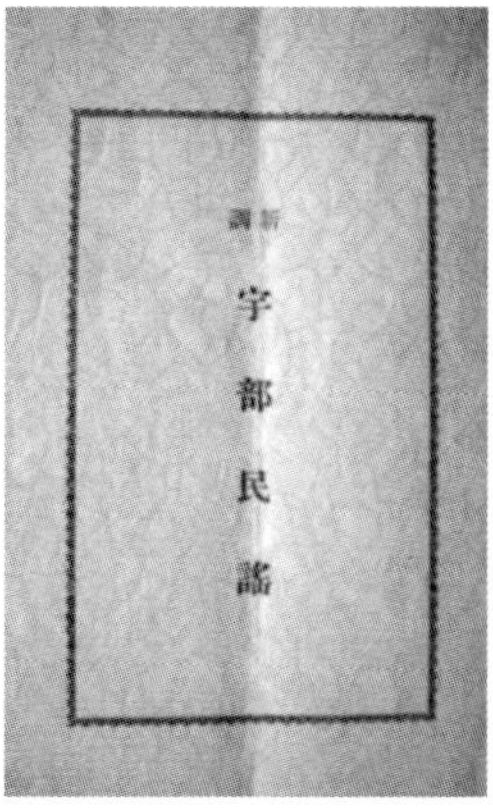

昭和5年1月に宇部文藝協会が発行した『新調　宇部民謡』（濵田素明氏旧蔵）

実は、この「宇部小唄」の制作時に作曲家の藤井清水から濵田浅一に宛てた書簡が届いていた。昭和五年一月二七日の消印が押された封筒(展開)で、表に「原稿在中」、裏に藤井の住所「東京府下吉祥寺六七〇」がペン書きされている。

これに関して、昭和五年一月三一日付の『宇部時報』は「宇部に三日ゐれや浦島太郎」という「宇部小唄」の一節をタイトルに冠した記事で、東京にいた野口雨情から一月二九日に「宇部小唄」に二節付け加えると通知が来たと報じている。消印が二七日なら到着が二九日くらいで時期的には矛盾がない。当時、藤井も東京にいたので、作詞者の野口と歌詞と曲の調整をした「原稿」を、この封筒で送った可能性が考えられる。

なお、「宇部小唄」は「南蛮音頭」のように、藤井が三味線や唄を教授した形跡がない。

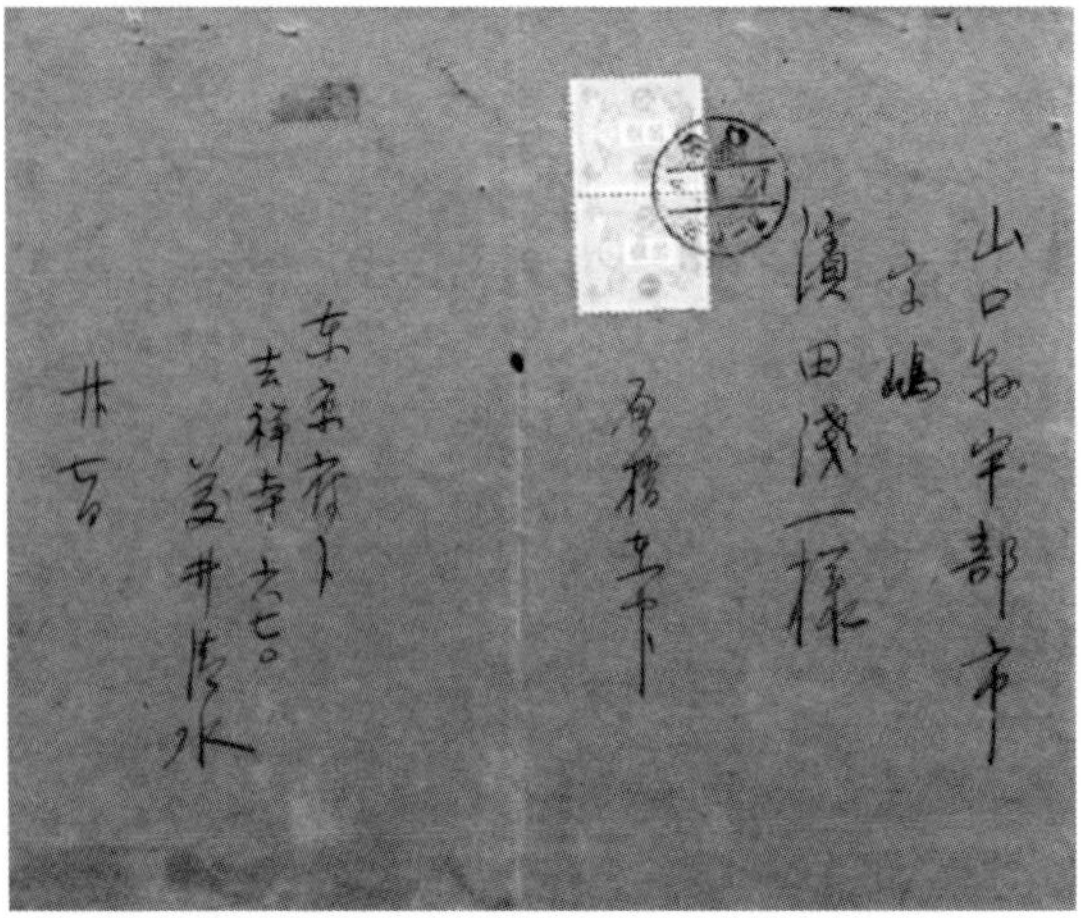

「昭和5年1月27日」の消印がある藤井清水から濵田浅一に宛てられた封筒（展開・濵田素明氏旧蔵）

宇部文藝協会が制作して昭和5年3月に発行された「宇部小唄」の小冊子。定価「三十錢」。発行所は宇部市西区新町のタマシゲ楽器店（濵田素明氏旧蔵）

宇部映画「黒い旋風」

ビクターから「南蛮音頭」が発売されて（昭和五年八月）一年余りが過ぎた昭和六（一九三一）年九月に、関東軍が決起して満洲事変が勃発した。

国民生活は窮乏し、政党政治も機能しなくなっていたことで、国民は関東軍の直接行動を支持した。

こうして昭和七年三月に関東軍の手で満洲国が建国されころには、低迷していた日本経済は再び上向きに転じるのである。

宇部でも常盤公園道路の新設にむけて五〇名の失業者を雇い入れ、三月末までに完成させる動きがでる（昭和七年二月一一日付『宇部時報』）。

あるいは老松町で遊廓を経営していた木下芳太郎が、エムラのあった辺りに（松山町一丁目の交差点近く）、総工費六万円の予算で娯楽場「宇部劇場」の建設に着工していた（三月二三日付『宇部時報』）。

こうしたなか、「愈々（いよいよ）あすから炭都宇部撮影着手」と題する記事が『宇部時報』の昭和七年四月九日に出た。沖ノ山炭鉱や東見初炭鉱、常盤公園などを舞台に、ご当地映画を作るというのだ。四月一〇日の同紙の記事では、東活の幹部俳優一行が来宇して河長や宇部ホテル（東区錦橋通りにあった神戸亭）に分宿し、エキストラ約一〇〇名を宇部で募集して、撮影

映画「黒い旋風」の広告（昭和７年５月25日付『宇部時報』）

にかかるとある。

なお、原作を藤山の藤本正憲（秋富久太郎の秋富商事支配人だった人）が手がけ、東活が手直しをしたストーリだったようだ（四月一四日付『宇部時報』）。

日本ファッシズム聯盟と野口雨情

満洲問題を契機に、日本中でファシズムの一大ブームが起きていた。

ファッショ化は軍や経済や政治のみならず、文学や芸術分野にも波及してゆく。

昭和七年三月に日本ファッシズム聯盟の機関誌『ファッシズム』が東京で創刊されたのも、その一例であった。イタリアで誕生したファシズム運動を日本に導入し、日本に適した原理を樹立するための文化機関とする旨が、創刊号に見える。

面白いのは六月に発行された『ファッシズム』第四号に、野口雨情が「日本ファッシズムを忘るな」の一文を寄稿していたことだ。

「心が病的になると、共産主義とかマルクス主義とか、わが国體と一致しないことを考へたがる。かうした人々を未然に救ふために、日本ファッシズムのあることを忘れてはならない」

また別の頁には「国家節」の詞も発表もしていた。

新民謡の旗手の一人として知られた野口も、ファシズム運動の一翼を担っていた時代であった。

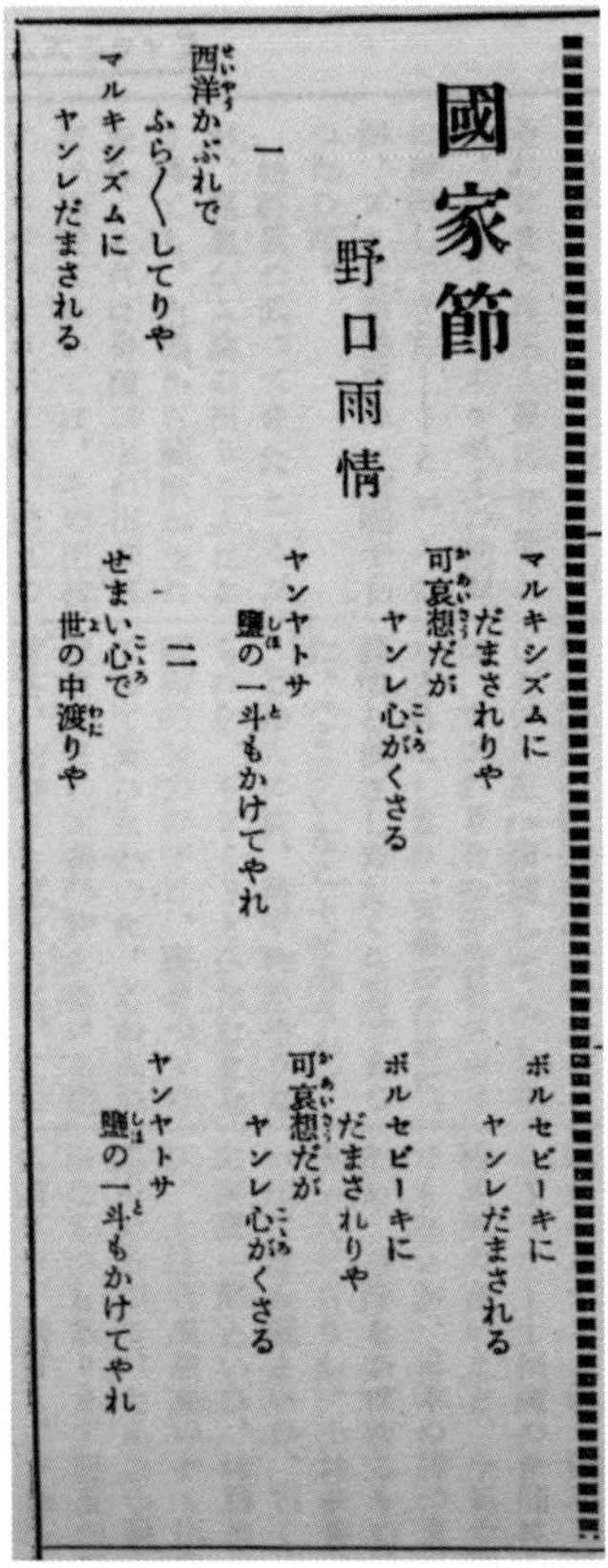

國家節

野口雨情

一

西洋《せいやう》かぶれで
ふら〳〵してりや
マルキシズムに
ヤンレだまされる
マルキシズムに
だまされりや
可哀想《かあいさう》だが
ヤンレ心《こゝろ》がくさる
ヤンヤトサ
鹽《しほ》の一斗《と》もかけてやれ

二

せまい心《こゝろ》で
世《よ》の中渡《わた》りや
ボルセビーキに
ヤンレだまされる
ボルセビーキに
だまされりや
可哀想《かあいさう》だが
ヤンレ心《こゝろ》がくさる
ヤンヤトサ
鹽《しほ》の一斗《と》もかけてやれ

『ファッシズム』第四号に発表された野口雨情の「国家節」（法政大学大原社会問題研究所蔵）

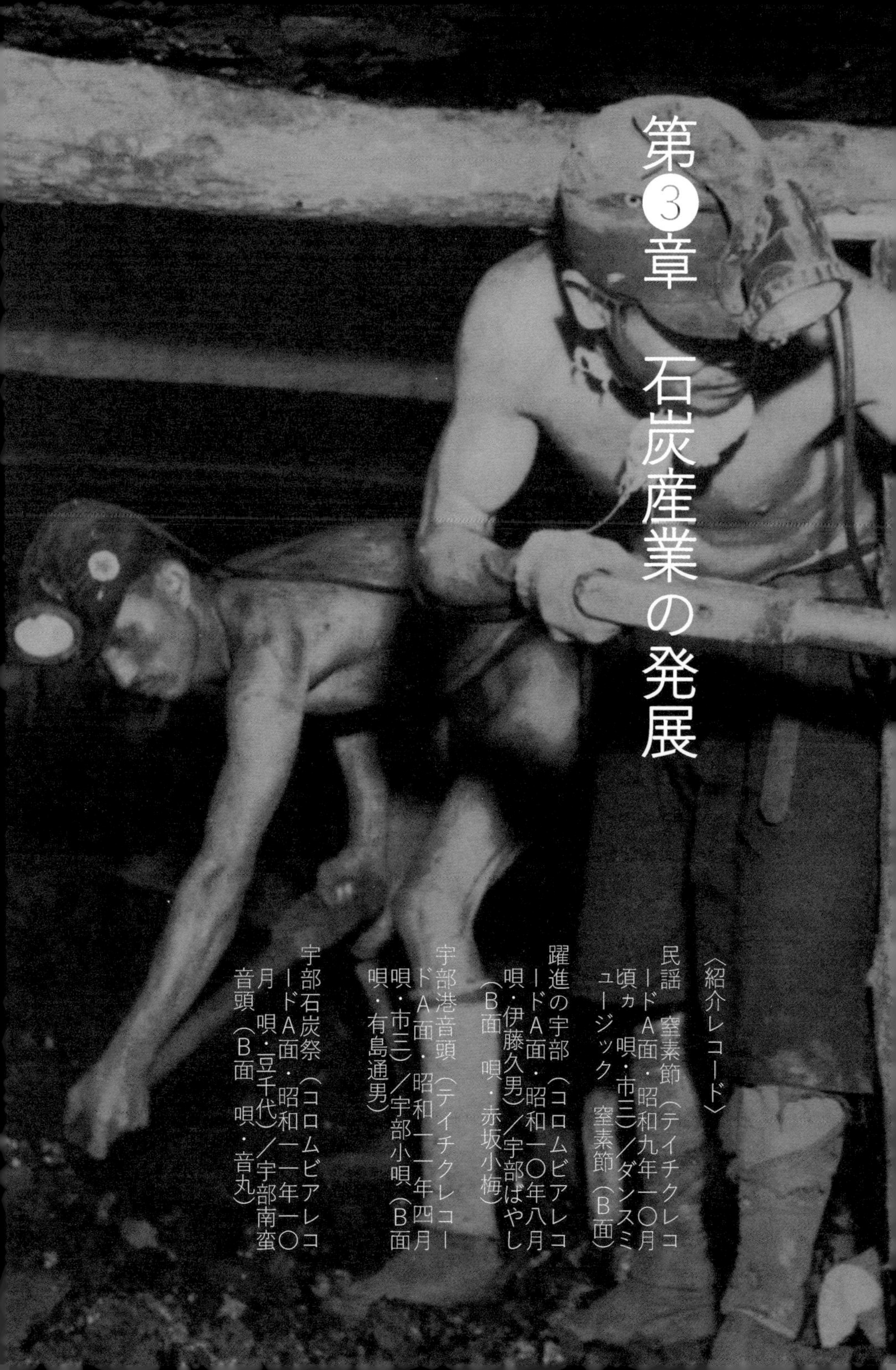

第3章　石炭産業の発展

〈紹介レコード〉

民謡　窒素節（テイチクレコードA面・昭和九年一〇月頃ヵ　唄・市三）／ダンスミュージック　窒素節（B面）

躍進の宇部（コロムビアレコードA面・昭和一〇年八月　唄・伊藤久男）／宇部ばやし（B面　唄・赤坂小梅）

宇部港音頭（テイチクレコードA面・昭和一一年四月　唄・市三）／宇部小唄（B面　唄・有島通男）

宇部石炭祭（コロムビアレコードA面・昭和一一年一〇月　唄・豆千代）／宇部南蛮音頭（B面　唄・音丸）

皇太子殿下御降誕奉祝歌

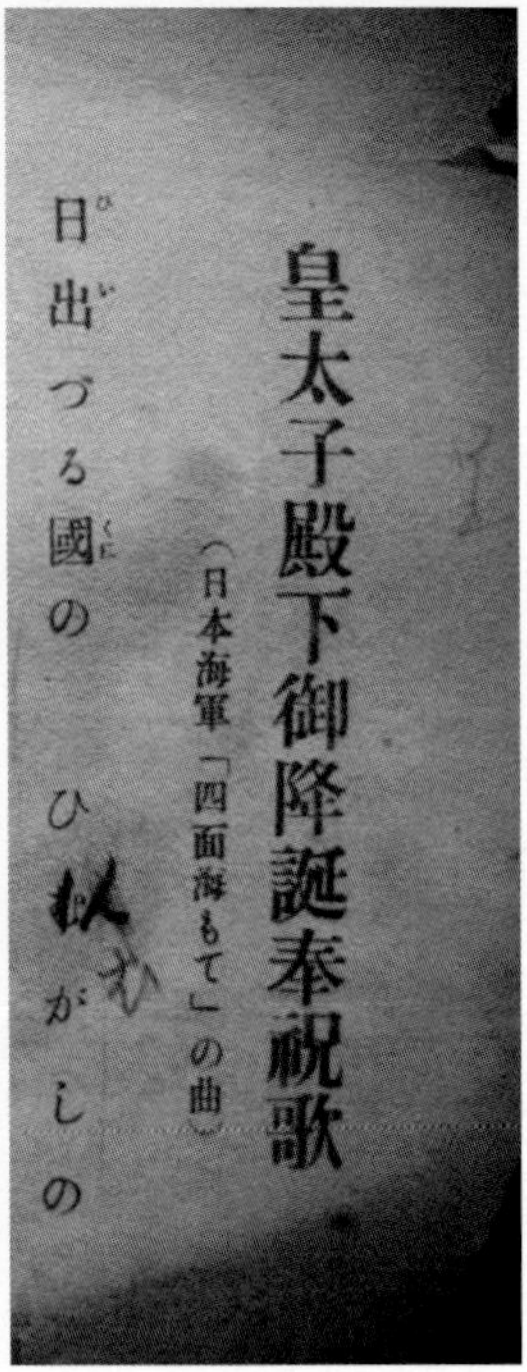
皇太子殿下御降誕奉祝歌
（日本海軍「四面海もて」の曲）
日《ひ》出《い》づる國《くに》の　ひむがしの

昭和八（一九三三）年一二月二三日に皇太子が誕生した。明仁親王殿下（後の平成天皇）の誕生である。

翌日（一二月二四日）の『宇部時報』が「栄光と歓喜」と題して伝えたのは、市内の各戸に国旗が掲げられ、国吉信義市長以下の市役所幹部が琴崎八幡宮に参拝したことや、市役所で奉祝遥拝式が開催されたことであった。

さて、二九日の命名式に合わせて、宇部市でも奉祝行事が準備される。

後に郷土史家となる山田亀之介は当時は宇部中学校の教諭で、このときの奉祝歌の作詞を依頼されていた。

一二月二七日付の『宇部時報』では「奉祝行事と奉祝謡決定」と題し、山田が作詞した「親王殿下御降誕奉祝歌」の歌詞が公開された。この歌詞を帝国海軍歌「四面海もて囲まれし」の曲で歌ったのである。

〽日出づる國の　ひむがしの　暁（あかつき）の雲　かがやきて　玉の御聲（みこゑ）の　高らかに　日嗣（ひつぎ）の皇子（みこ）は　あれましぬ

文部省が「皇太子殿下御誕生の奉祝歌」を作詞したのが一ヶ月遅れの昭和九年一月だった（同年一月一六日付『宇部時報』）。

こちらの歌詞は以下である。

〽静かにあくる　夜のとばり　瑞雲（ずいうん）こむる　大八洲（おおやしま）　朝日たゞさす　この國に　今よろこびの　聲充ちて　日嗣（ひつぎ）の皇子（みこ）は生まれましぬ　日嗣の皇子は生まれましぬ。

昭和九年を迎えた宇部でも、未だ奉祝気分は続いていた。このため独自の「宇部音頭」も即興で作られていた。

〽ハア　梅は岩鼻　チョイト　桜は常盤
月は鎮守の〱　松ヶ枝　サテ
ヤートナ　ソーレ　ヨイ〱

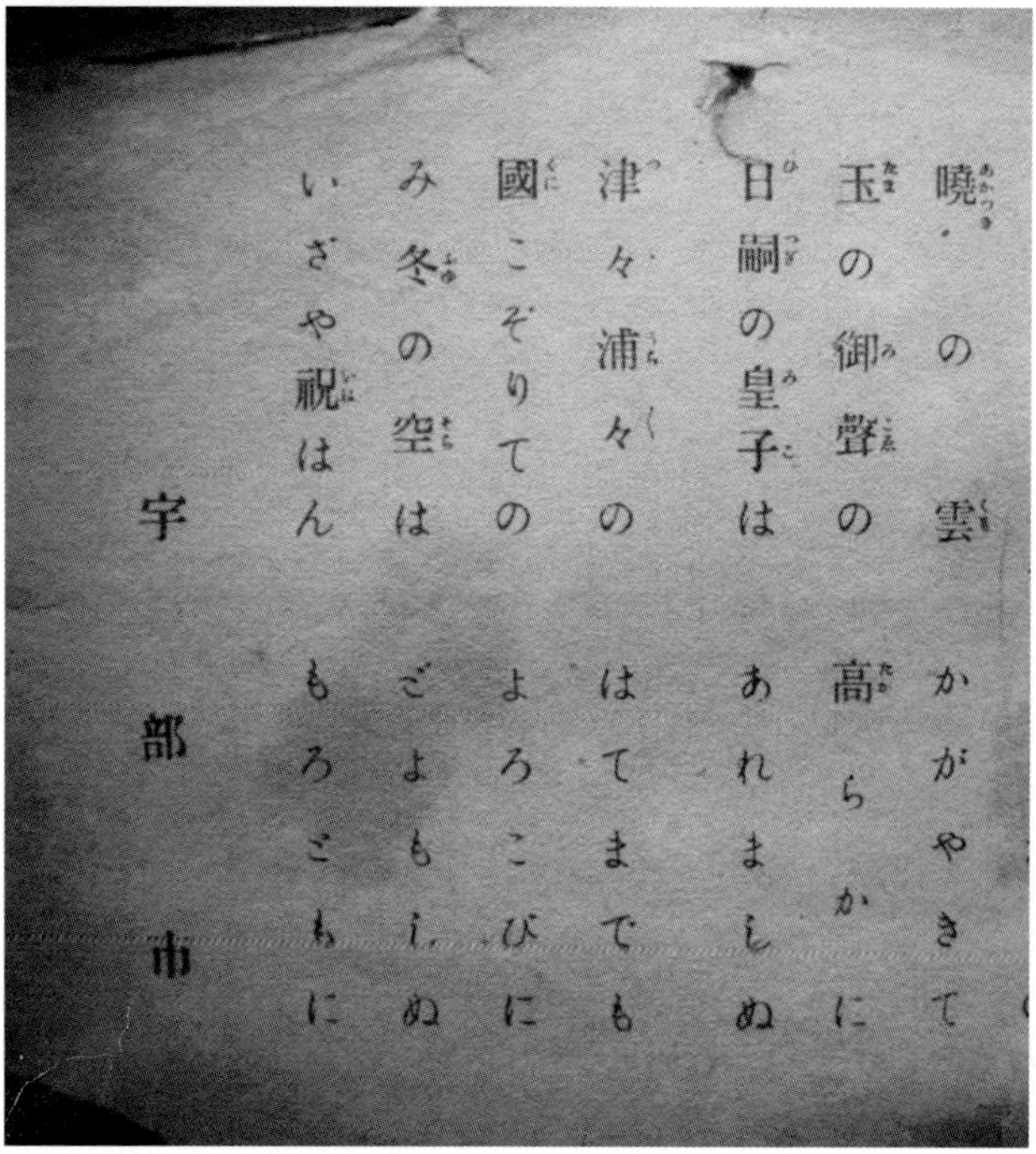

「皇太子殿下御降誕奉祝歌」の歌詞（山田亀之介旧蔵）

さて、昭和九年二月二三日からは宇部市主催の祝賀行事も行われる。このとき軍服を着て提灯行列を行い、山田が作詞した前出の奉祝歌「親王殿下御降誕奉祝歌」が歌われたようだ（同年二月二〇日付『宇部時報』「御降誕奉祝前奏曲【三】」）。

時を同じくして、二月二三日は新川講堂で宴会も開かれていた。最後に山口県会議員の新宅正一がヨイショコショ節を踊り、閉会したという（同年二月二四日付同紙）。

こうした唄と宴の祝賀ムード一色のなかで、宇部文藝協会でも、春の音楽会では東京から「花柳師」を招き、四月五日に宇部劇場で盛大に開催することを決定していた（昭和九年二月一七日付『宇部時報』）。

宇部劇場は元のエムラ（松山町一丁目の交差点）の辺りに出来た娯楽場である。老松遊廓で「芳栄楼」を経営していた木下芳太郎が、総工費六万円の予算で着工し（昭和七年三月二三日付『宇部時報』）、昭和七年一一月に完成したばかりであった（同年一一月一日付同紙）。

一方で、昭和九年は七月に渡邊祐策が没している。しかしそれは俵田明に代表されるように、新たな世代にバトンが渡される〝革新の時代〟の幕開けでもあったのだ。

こうした記憶遺産としての「皇太子殿下御降誕生記念碑」は、琴崎八幡宮の境内に、藤田藻平が昭和一〇年一〇月に奉納したものが、今も鎮座している。

宇部窒素工業と「窒素節」

後に宇部興産㈱を興す俵田明は、沖ノ山炭鉱時代の昭和七（一九三二）年八月から昭和八年一月にかけて、二度目の欧米旅行をしていた。ドイツのI・G・ファルベンなどをモデルに、石炭から化学肥料の原料「硫安」を合成する窒素工場を新設するためだった。それは渡邊祐策が最晩年に俵田に託して記念碑的な新規事業でもある。宇部窒素工業㈱は昭和八年四月に創業した。

渡邊は昭和九年七月二〇日に亡くなる。だが、五日前の七月一五日に、俵田は合成に成功した「硫安」を病床の渡邊に届けていた。それを見届けて渡邊は息を引き取ったのである。宇部での化学工業のスタートであった。

それから二ヶ月を待たない一〇月一七日付の『宇部時報』に「宇部の行手は明るいネ」という記事が出た。俵田と窒素工場を動かしていた国吉省三と、彼の実弟の有光牛聲（ありみつぎゅうせい）が「窒素節」という新民謡を作詞したのだ。渡邊の弔いと、俵田主導の化学工業の幕開けを祝う意味を持つ歌だったのだろう。

宇部市立図書館の「俵田レコードライブラリー」にはテイチクレコードの「窒素節」レコードが保管されている。表が「民謡　窒素節」で、裏が「ダンスミュージック　窒素節」である。そしてレーベルに印刷されている「作詞」は国吉木魚（国吉省三の号）と有光牛聲。また「作曲」が椎野桂風で、「編曲」が長津彌だ。帝蓄和洋合奏団の伴奏で、市三が唄っていることがレーベルからわかる。レコード番号は「特036」である。歌詞資料も付属しており、一番と二番歌詞は以下だ。

〽仇（あだ）し夷（えびす）を一度もよせぬ　ヨンヤサ　国に人の和　科学の力（ちから）ヨ
二つならんで芽をふく所　窒素チッソの　窒素チッソの
宇部の行手は明るいね　其れ明るいね

〽煙（けむ）の都だ精神（こころ）の都市（まち）だ　ヨンヤサ　音だ　響だ　力だ　意気だヨ
唸るダイナモ　とゞろく送風器（ブローワ）　窒素チッソの
窒素チッソの　宇部のあけくれ見せたいね　其れ見せたいね

歌詞資料には「振付」が畠中要人とあり、踊りもついていたことがわかる。

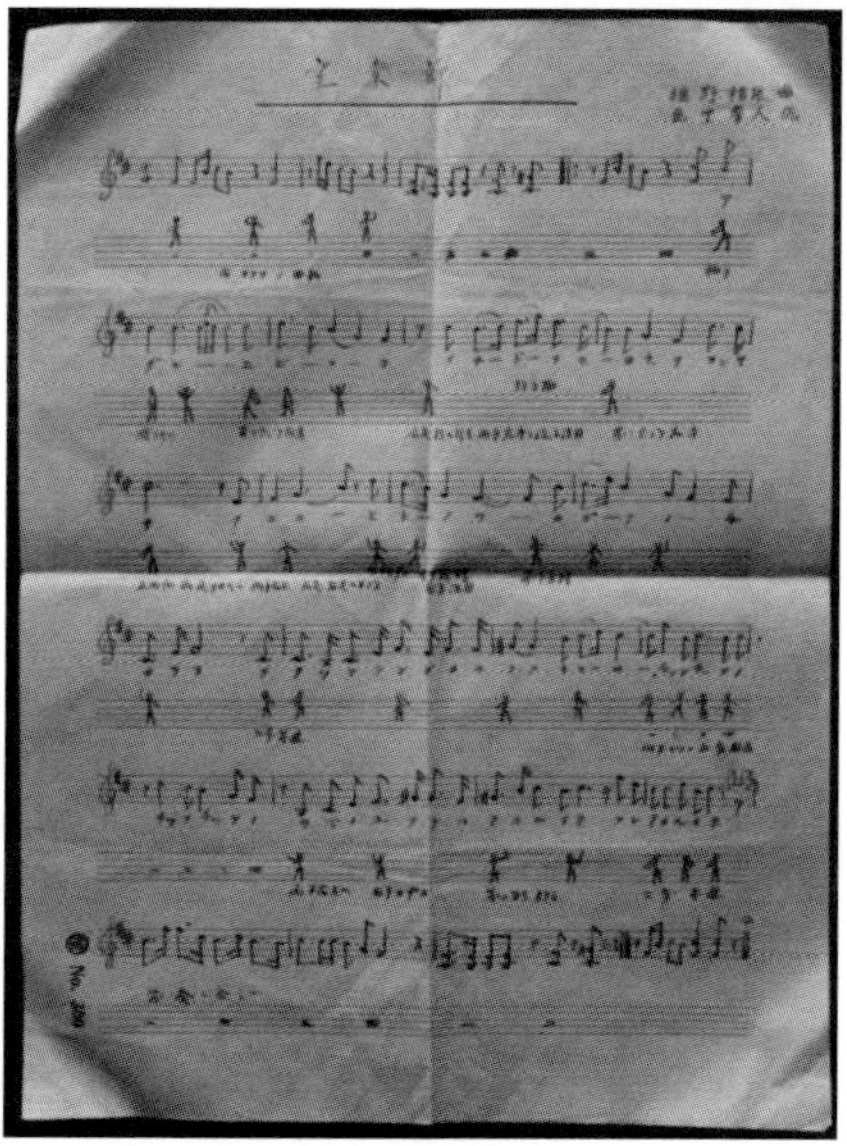

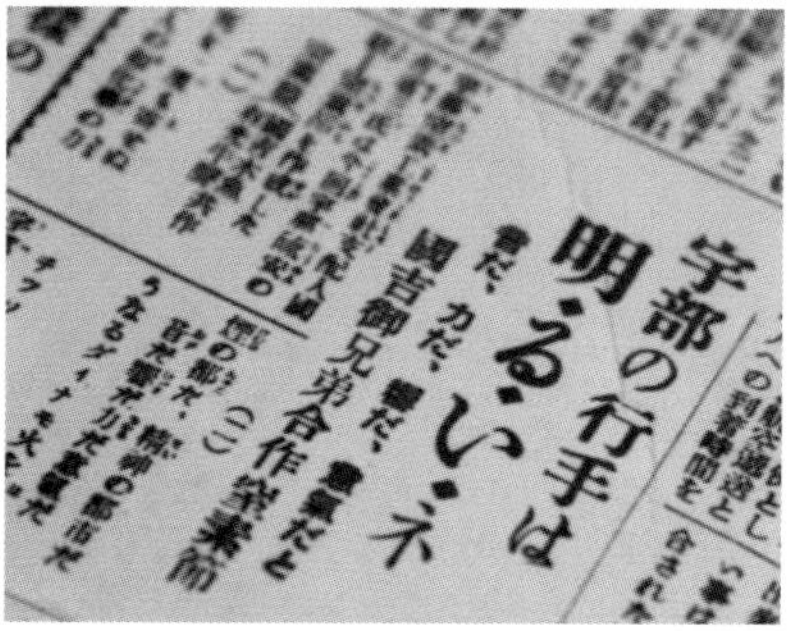

上・「窒素節」テイチクレコード
（俵田レコードコレクション）

下左・「窒素節」の楽譜（俵田家蔵）

下右・昭和 9 年 10 月 17 日付『宇部時報』
「宇部の行手は明るいネ」

絵葉書「宇部窒素工業株式会社」（末廣書店発行）

「躍進の宇部」と「宇部ばやし」

宇部市が日本コロムビア蓄音器㈱に、新たな新民謡レコード制作を依頼したのが昭和一〇(一九三五)年である。この年の二月に、宇部では俵田明が招聘した建築家・村野藤吾が渡邊翁記念館を設計することが決まっていた。また、三月九日にはロシアファッショ党のバルイコフが宇部商工会議所で座談会を催すなど、ファシズム革新運動の波が押し寄せていた時期でもあった。

こうした熱量のなか、昭和一〇年八月八日付の『関門日日新聞』が「〝宇部〟と〝柳井〟新民謡　本社創定レコード」と題して、関門日日新聞社が主導する形で、新民謡「宇部ばやし」とジャズ調「躍進の宇部」の二曲を制作すると報じたのである。作詞を、社員の古谷以和雄が担当するとも見える。

両曲とも作曲を古関裕而が担当し、唄は「宇部ばやし」が赤坂小梅、「躍進の宇部」が伊藤久男で、八月一八日の発売の予定としていたようである。

二つの歌の歌詞を、それぞれ一番のみ紹介しておこう。

〈躍進の宇部〉
〽　山は霜降(しもふり)　屏風(びょうぶ)と立てゝ
灘は周防(すおう)の　潮(うしお)は薫(かお)る
石炭(すみ)の　石炭(すみ)の都の
みどりの空に　伸びる栄への　群(むら)げむり

〈宇部ばやし〉
〽　宇部のお空にナー　ハァヨイ〱
なびく煙の　なびく煙の　勢い好さ　勢い好さヨー

八月一〇日には、関門日日新聞主催で八月二五日には宇部市の西区遊園地で、また二六日には神原公園で「新民謡発表会」のデモンストレーションを行うとの広告を出していた。協賛は西部畜音器商組合宇部支部で、コロムビア社が「サウンドトラック」(発声自動車)を派遣して、踊りの講習も行うという。地方における新民謡の創作は、地域振興も兼ねていた。とはいえ、実際は予定の四日遅れで八月二二日の発売となっていた(八月一九日付同紙)。

面白いのは発売時に出た広告「郷土の秋を飾る新民謡」から、両曲の編曲者として、防府出身の作曲家・大村能章の名前が出ていることである。

大村の本名は大村秀弐。明治二六（一八九三）年に佐波郡佐波村多々良（現、山口県防府市）で生まれ、多々良中学校を卒業して作曲家を志し、上京。明治四二年に海軍軍楽隊に入隊し、後に門司鉄道管理局オーケストラで指揮、大正一三（一九二四）年に松竹に作曲家として入社した。その後、コロムビア、テイチク、キングなどのレコード会社に所属。数多くの作曲を手掛けた郷土出身の著名人である（『昭和山口県人物誌』）。

宇部市立図書館所蔵の「俵田レコードライブラリー」の「躍進の宇部」のレコードのレーベルにも編曲者として大村の名が明記されている。裏面の「宇部ばやし」のレーベルは「古谷以和雄作詞・大村能章作曲並編曲」で、当初の古関の名が消えている。レコード番号は28511。だが、付属の歌詞カードには両曲とも作曲が古関裕而のがあり、レーベルと一致してない。

「宇部ばやし」の発表踊りは、予告どおり八月二五日に西区遊園地、二六日は神原公園で行われた。八月二八日付の『関門日日新聞』は、神原公園での発表踊大会に「三万餘人」が集まったと盛況ぶりを写真入りで伝えた。

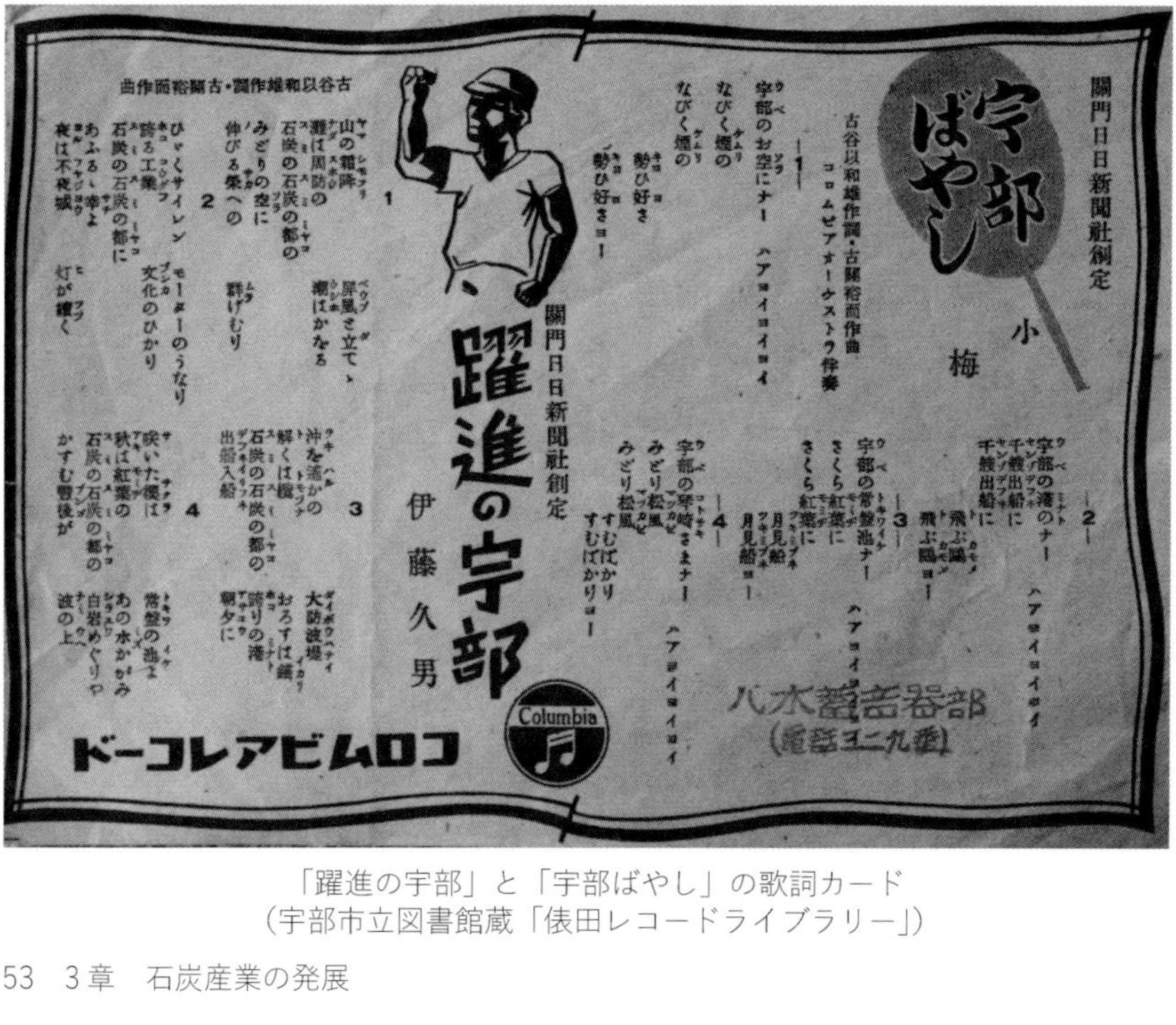

「躍進の宇部」と「宇部ばやし」の歌詞カード
（宇部市立図書館蔵「俵田レコードライブラリー」）

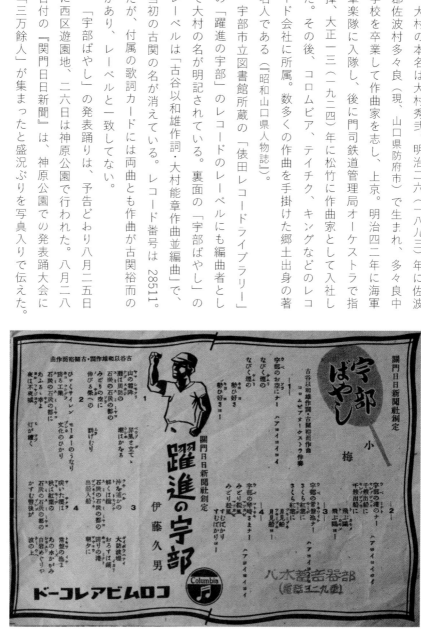

大村能章の楽譜

右・大村能章（大村能章顕彰会蔵）
左・昭和10年8月発売のコロムビアレコード「躍進の宇部」と「宇部ばやし」のレーベル（宇部市立図書館蔵「俵田レコードライブラリー」）

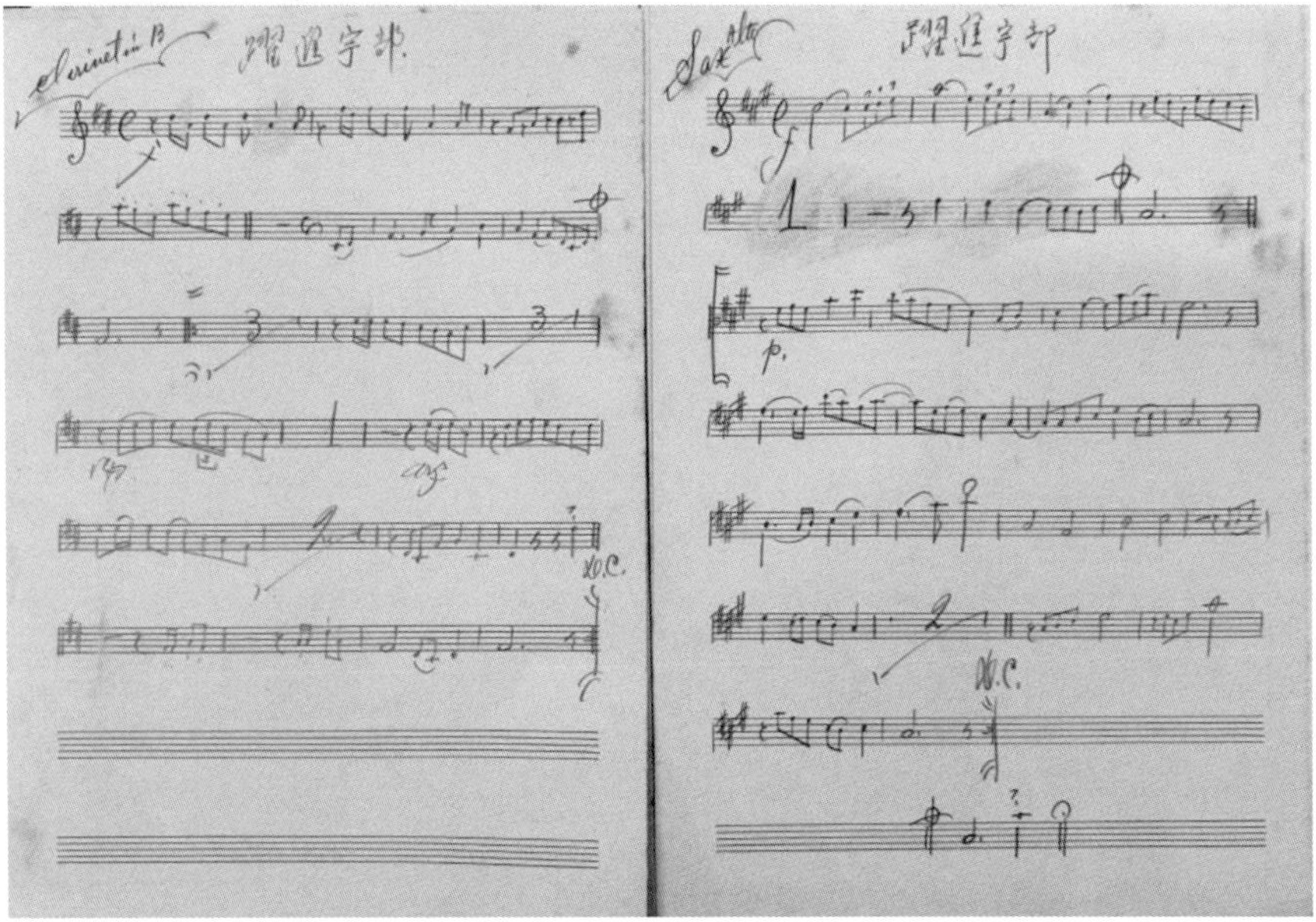

大村能章の楽譜「躍進（の）宇部」左がクラリネット、右がアルトサックス（大村能章顕彰会蔵）

大村能章の楽譜「宇部囃子（ばやし）」
（フルート・大村能章顕彰会蔵）

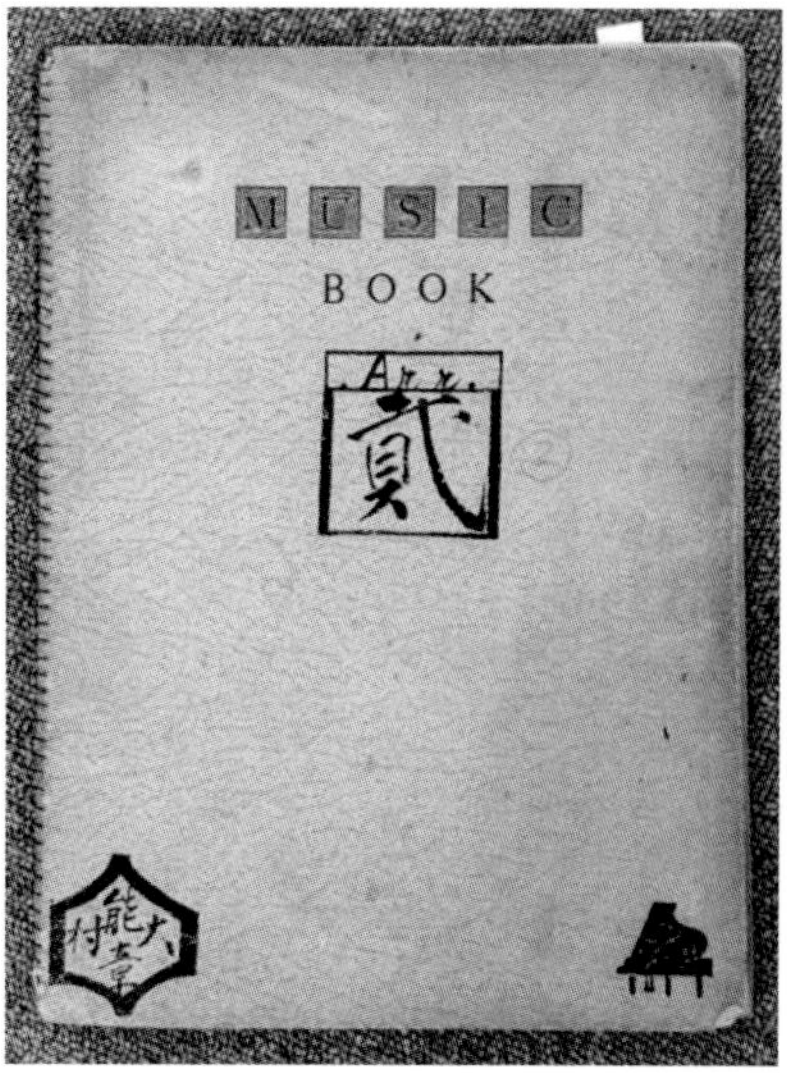

大村能章は「宇部南蛮音頭」の編曲もしている。これはその楽譜を書いた「MUSICBOOK　弐」の表紙（大村能章顕彰会蔵）

大村能章の「MUSICBOOK　弐」に書かれた「宇部南蛮音頭」の楽譜。昭和一一年に発売された「宇部石炭祭」の裏面の、音丸が歌う「南蛮音頭」が大村編曲のものである（大村能章顕彰会蔵）

「宇部港音頭（うべみなとおんど）」

「宇部港竣築工事誌」（山口県文書館『昭和十四年四月　宇部港竣功式一件』）によると、宇部港は昭和四（一九二九）年一一月に指定港湾に編入され、昭和五年一月に港域が決定。つづいて石炭積み出しの目的で沖ノ山炭鉱が南堤防と西堤防を築堤。山口県も総工費五八万円での修築計画を立て、昭和八年度から着工、昭和一三年に竣工する。

この間の昭和一〇年五月四日に第二種重要港に指定され、第一回目の港祭りを開催していた（同年五月四日付『宇部時報』）。宇部市は五月二日に帝国海軍歌「四面海もて囲まれし」の曲で歌う「宇部港祭の歌」を発表した（同年五月三日付『宇部時報』）。

〽港祭だ皆祝へ　地には輝く黒ダイヤ　波のそこまで充ち満ちて　宇部は日本の宝庫（たからくら）

昭和一一年二月に入ると、宇部文藝協会と宇部時報社の共催で「宇部港音頭」の市民からの歌詞募集がはじまる。一等二〇円、二等一〇円、三等五円（各一名）で（昭和一一年二月二日付『宇部時報』）、二月一八日の同紙は、応募総数が二〇〇点に達したと報じた。作詞者・南邦男の名で歌詞が発表されたのは四月三日の紙面だった。

〽港末広（みなとすえひろ）　炭鉱は要（かなめ）　ソラショ
お国繁昌（はんじょう）の　囃子（はやし）につれて
けふも　今日（けふ）も　鴎（かもめ）が舞ひおどる
ソレ打出せ　繰出せ　ドンドトヤ
宇部にや景気の　波が寄る

三月二二日付の『宇部時報』には「港音頭レコード近日発売」として、A面「宇部港音頭」、B面「宇部小唄」のレコードが定価一円五〇銭で大和ラジオ店、名曲堂支店、メリー蓄音器店、ちまきや八木百貨店、大新時計店などで販売されるとの広告が出ている。

「俵田レコードライブラリー」（宇部市立図書館蔵）にはテイチクレコードで、A面が「流行歌　宇部港音頭」で、「撰歌」が島田磬也、「作・編曲」が杉田良造、唄が市三とある。B面は「流行歌　宇部小唄」で、野口雨情の「作詞」、「作曲」が藤井清水、「編曲」が杉田良造、唄が有島通男。レコード番号は特 097 である。

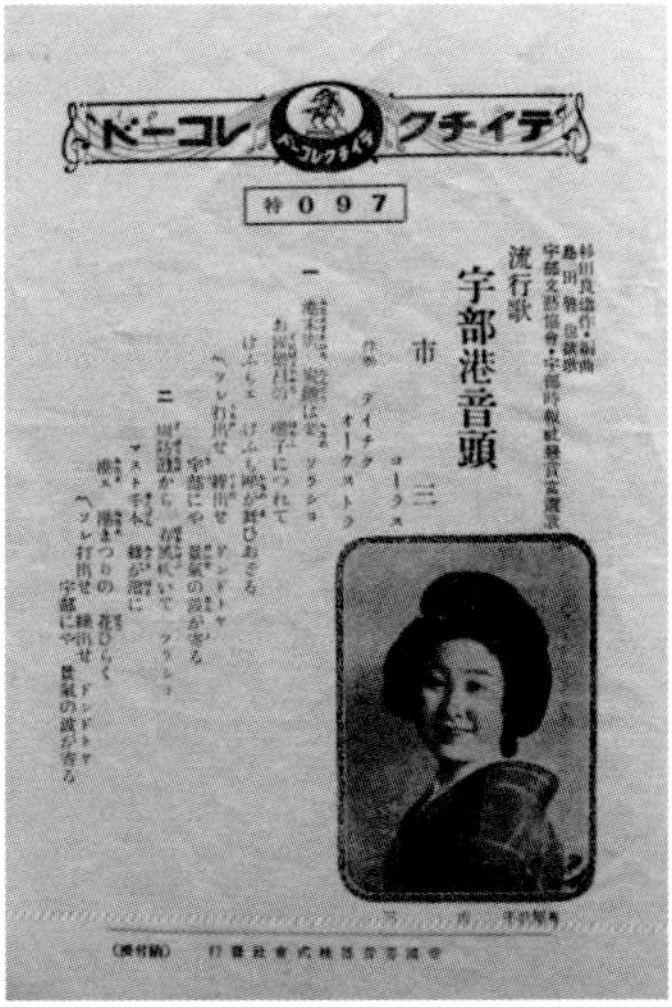

「宇部港音頭」の歌詞カード（俵田レコードライブラリ）

テイチクレコード「宇部港音頭」（宇部市立図書館蔵「俵田レコードライブラリー」）

昭和 12 年宇部港修築起工式 渡邊翁記念会館前にて紀藤閑之介市長が列席（山﨑紘一郎蔵）

宇部港浮桟橋（「宇部港竣築工事誌」（山口県文書館『昭和十四年四月　宇部港竣功式一件』）

第一一回オリンピック　芸術競技優勝楽曲
エック作曲「戦の舞／死の慟哭」

宇部市立図書館蔵「俵田レコードコレクション」にベルリンのブランデンブルク門の画をジャケットにしたレコードがある。ジャケット下に「Olnmpia　Berlin 1936」と印字があり、昭和一一年のベルリンオリンピック関係のものとわかる。タイトルは「Waffentanz Totenklage」。付属の解説冊子から、ナチ主催の芸術競技で優勝したヴェルナー・エックの作曲した「戦の舞（Waffentanz）」と「死の慟哭（Totenklage）」を収録したレコードとわかる。

この曲は一九三六年八月一日の午後九時にベルリンの夜空にオリンピック開会の鐘が鳴り、ヒトラーの開会宣言が行われた後にベルリン国立歌劇団付属の交響楽団を作曲者のエックの指揮で演奏された貴重な作品で、日本テレフンケンレコードのプレスであった。

宇部市ではナチ政権下のドイツ赤十字社からローテクロイツ名誉賞を受賞（昭和一〇年二月一八日）した建築家の村野藤吾が渡邊翁記念館を設計し、工事を進めていた最中でもある。記念館の入口にナチの彫刻家アルノ・ブレーカーばりに、肉体美を誇張するレリーフが設置されたのも、無関係ではあるまい。また、昭和一〇年三月九日には宇部商工会議所でロシア・ファッショ党のバルイコフを囲んで座談会が開かれるなど（『村野藤吾と俵田明』）、国民社会主義の国際的連携に向けた躍進を、宇部市が努力していた時代でもあった。

ヴェルナー・エック作曲・ベルリンオリンピック曲
「Waffentanz Totenklage（戦の舞　死の慟哭）」
（宇部市立図書館蔵「俵田レコードコレクション」）

「宇部石炭祭」

宇部商工会議所は昭和九（一九三四）年五月に「全国最初の石炭祭」として〈石炭祭（すみまつり）〉を発議した（同年五月三一日付『宇部時報』）。そして一一月一日の琴崎八幡宮での第一三回市制施行記念祭を皮切りに、商工会議所主催の全国土産品展や広告行列市内大行進など、「炭都祭」の名で実験的に開催した。正式な「石炭祭（せきたんまつり）」の第一回は、翌昭和一〇年一一月である（同年一一月一日付『宇部時報』）。これらが戦後の「宇部まつり」の原形となる。なお、「石炭祭」の第二回で「石炭祭」の唄が出来る。

昭和一〇年八月にはコロムビアレコードから「躍進の宇部」（B面「宇部ばやし」）が発売され、昭和一一年二月には「宇部港音頭（うべみなとおんど）」の歌詞募集が行われ、三月にテイチクレコードから発売されていた。

さて、昭和一一年六月に宇部文藝協会と宇部時報社の共催で、「宇部石炭祭」の歌詞が『宇部時報』で募集される（同年六月九日付同紙）。七月四日付の同紙は北海道から鹿児島県、さらには台湾、上海、朝鮮、満洲からも応募が殺到したと報じている。

一等に選ばれた東区本町二丁目の坂本来氏を紙面で紹介したのは九月二〇日だった。作詞家の高橋掬太郎（きくたろう）の選評では、作曲家からの注文で、かなり書き直したようだ。作曲は江口夜詩（よし）で、唄は豆千代。踊りの振付けは河野たつろである。

高橋菊太郎の補作で完成した歌詞は以下である。

〽宇部は炭鑛（ヤマ）どこナ　宇部は炭鑛（ヤマ）どこ
男は度胸　ソーラ　エ　海の底まで　ソレ意気で掘る

石炭祭
全市を擧げて歡喜の坩堝
大宇部市
炭への謝恩

昭和 10 年 11 月 1 日付『宇部時報』
第一回石炭祭記事

宇部文藝協会は一〇月三日に宇部劇場で「県下音楽諸藝大会」を開催した。ハーモニカやマンドリンの合奏をはじめ、宇部管弦楽団による生演奏とレコード演奏もされた。後者では東券番の力丸、恋千代、桃太郎、勝太郎、三五郎、妻千代、小富士、歌香ら芸妓たちの舞踊も披露された（昭和一一年一〇月二日付『宇部時報』）。宇部市立図書館蔵「俵田レコードライブラリー」のコロムビアレコードはA面が豆千代が唄う「宇部石炭祭」、B面が音丸が唄う「宇部南蛮音頭」である。レコード番号は29097。

コロムビアレコード「宇部石炭祭」（宇部市立図書館蔵「俵田レコードライブラリー」）

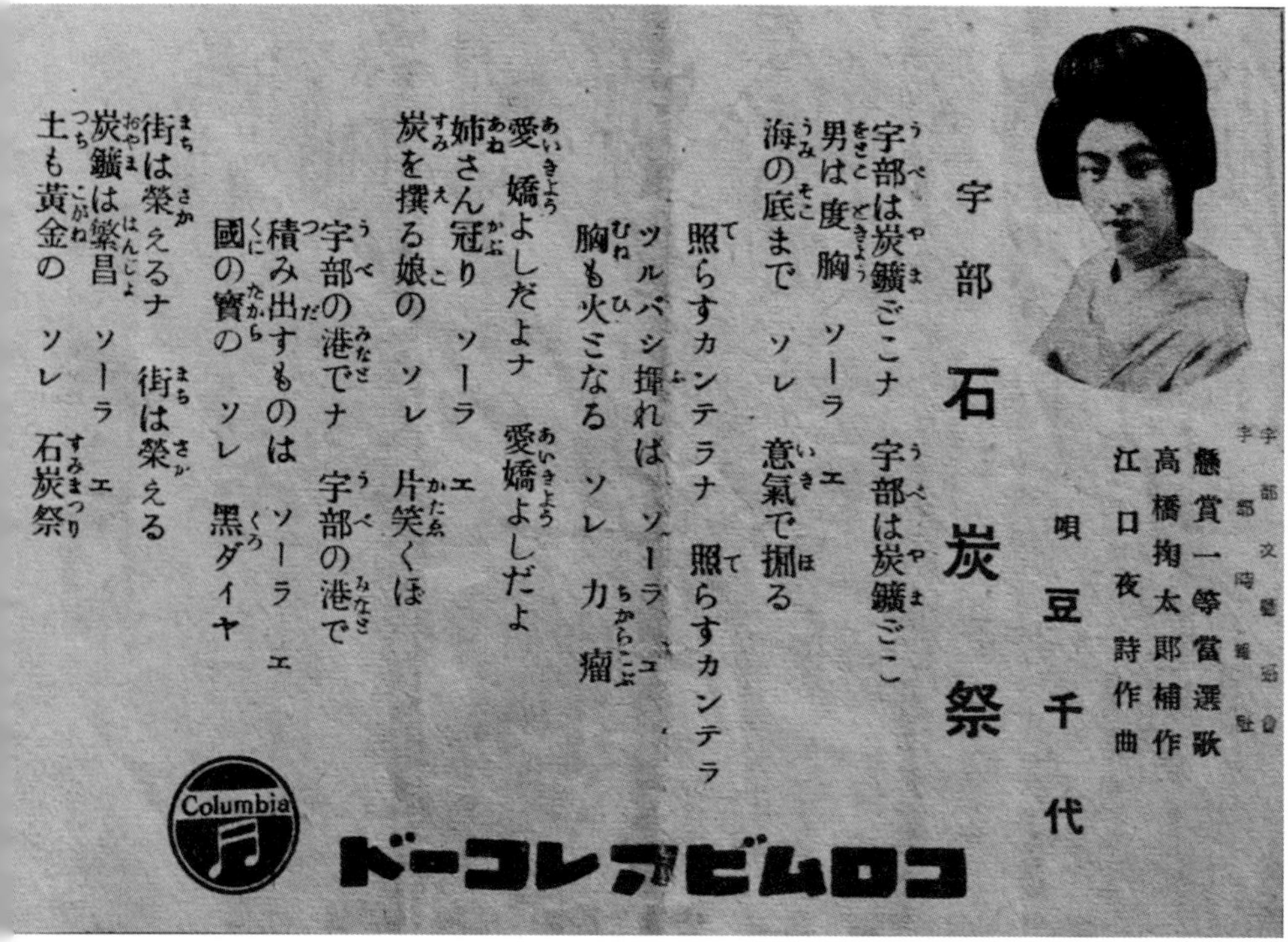

宇部文藝協會
宇部時報社
懸賞一等當選歌
高橋掬太郎補作
江口夜詩作曲
唄 豆千代

宇部石炭祭

宇部《うべ》は炭鑛《やま》どこナ 宇部《うべ》は炭鑛《やま》どこ
男《をとこ》は度胸《ときょう》 ソーラ エ
海《うみ》の底《そこ》まで ソレ 意氣《いき》で掘《ほ》る
照《て》らすカンテラナ 照《て》らすカンテラ
ツルバシ揮《ふ》れば ソーラ エ
胸《むね》も火《ひ》となる ソレ 力瘤《ちからこぶ》

愛嬌《あいきょう》よしだよナ 愛嬌《あいきょう》よしだよ
姉《あね》さん冠《かぶ》り ソーラ エ
炭《すみ》を撰《え》る娘《こ》の ソレ 片笑《かたゑ》くぼ
宇部《うべ》の港《みなと》でナ 宇部《うべ》の港《みなと》で
積《つ》み出《だ》すものは ソーラ エ
國《くに》の寶《たから》の ソレ 黒《くろ》ダイヤ

街《まち》は榮《さか》えるナ 街《まち》は榮《さか》える
炭鑛《おやま》は繁昌《はんじょ》 ソーラ エ
土《つち》も黄金《こがね》の ソレ 石炭祭《すみまつり》

Columbia
コロムビアレコード

「石炭祭」コロムビアレコード歌詞カード（唄　豆千代）

戦後の宇部まつりへ

大東亜戦争（太平洋戦争）における米軍の攻撃で、宇部市街地は焼け野原となった。そして昭和二〇（一九四五）年八月に敗戦を迎えた。

敗戦年である昭和二〇年一一月の市制記念行事を行った形跡はさすがにない。しかし翌昭和二一年一一月一日には市制二五周年記念の祝典を、焼け残った渡邊翁記念会館で開いていた（昭和二一年一一月一日付『宇部時報』）。つづいて昭和二二年一一月一日付の『宇部時報』は「市制廿六年と宇部祭」と題して、「宇部祭（うべまつり）」を仮称する。

後述するよう、早くも昭和二二年は「宇部復興音頭」の発表や〝ミス・宇部〟の選出なども行われ、復興に向けた動きが顕在化していた。とはいえ戦前の「石炭祭」が「宇部まつり」に正式に変わるのはこの時期ではない。単に市制施行の「記念式典」が行われたという表記が主流で、例えばサンフランシスコ講和条約で日本の独立が回復した昭和二七年一一月一日の『山口日日新聞』には戦前の「石炭祭」の言葉を冠した広告が掲載されている。

実はこれ以後「石炭祭」の言葉が復活する形となり、三鷹淳が唄う「宇部市民の歌」が誕生する昭和三七年の一一月一日の市制記念から、「秋晴れに展く宇部まつり」といった具合に、「宇部まつり」の呼称へ変わるのだ。それは石炭の時代が終わった証でもあったといえる。

昭和戦後（昭和 37 年以後）の「宇部まつり南蛮音頭総おどり」
（宇部市まなびの森くすのき蔵）

火野葦平と「五平太」

宇部文藝協会は西村宇吉が昭和一一（一九三六）年一月に会長を退任して以後、会長不在で先細りとなったようだ（『昭和十五年版宇部年鑑』）。

このことは、渡邊祐策が昭和九年七月に没したことで、渡邊翁遺徳顕彰会（会長・紀藤閑之介）や渡邊翁記念事業員会（会長・高良宗七）が立ち上がった影響もあったのだろう。前者が渡邊の銅像建設に動き、後者が音楽堂としての渡邊翁記念会館の建設に動くなか、昭和一一年一二月に俵田明を理事長に据えた渡邊翁記念文化協会が発足したからだ。理事には沖ノ山炭鉱の渡邊剛二（祐策の嗣子）、名和田哲郎、金野藤衛、笠井良介、人石栄作、宇部セメント製造の藤本磐雄、宇部窒素工業の国吉省三などが顔をそろえていた。彼らは機関誌『大宇部』を昭和一二年五月一〇日に創刊し、市民の精神作興事業を推進してゆく（『渡邊翁記念文化協会沿革史』）。

火野葦平〔明治 39 年-昭和 35 年
本名・玉井勝則〕（「河伯洞」蔵）

大正一三（一九二四）年以来、宇部文藝協会が主導してきた文学、芸能、音楽を軸とした市民精神の育成は、渡邊翁記念文化協会により整理、再編成され、パワーアップされた形だ。これまで新川講堂や宇部劇場を会場にしていた文化活動も、ナチのKdをモデルにしたような渡邊翁記念会館が村野藤吾の設計で昭和一二年四月に竣工してからは（『村野藤吾と俵田明』）、そこを会場とする。

なるほど『大宇部』の創刊号で、俵田明が「本誌の使命」と題して述べたのは、「精神的方面に於ける文化の向上を図るといふことに就いては、比較的その進歩の跡を見ない」ので、テコ入れをするという言葉だった。もちろん「共存同栄」精神は踏襲され、創刊号から評論、時事問題、随筆、感想、小説、戯曲、詩、短歌、俳句にいたる原稿を市民から募集していた（廃刊は昭和一九年七月）。

一方で、皇紀二六〇〇年の昭和一五年を迎えると、七月に第二次近衛文麿内閣が発足。イタリアやドイツの国民社会主義と連携した近衛新体制運動が幕を開け、九月に日独伊三国同盟を締結し、一〇月には大政翼賛会が発足する。

これに呼応して大政翼賛会宇部市支部も登場し（『宇部戦前史　一九三一年以後』には昭和一五年秋に発足とある）、高野義祐らが昭和一六年に結成した宇部文藝連盟が、大政翼賛会文化部の指導により、宇部文化連盟として拡大されることになる。その記念事業として、宇部文藝連盟が昭和一六年六月一八日に北九州の作家・火野葦平と劉寒吉を渡邊翁記念会館に招き、「講演と映画の夕」を開催した（昭和一八年六月一八日及び二〇日付『宇部時報』）。

司会を務めた高野義祐が「五平太譚」（『新川から宇部へ』）で語るところでは、話題になったのが「南蛮音頭」の歌詞に出てくる石炭の異名の「五平太」についてであった。

座談会で「五平太饅頭」がふるまわれたことで、「五平太」の語源が高野のいう「船木」（現、宇部市船木）や「高千帆村」（現、山陽小野田市高千帆）方面なのか、火野の語る「肥前高島」（現、長崎市高島町）なのか、本家争いになったらしい。

火野も、「五平太のこと」（昭和一六年八月刊『石炭鑛業互助会報』第六巻・第八号）に、このときの話を書いていた。

「先だって、宇部へ行ったところが、会合の席上で、五平太饅頭といふのを出された。昔の一銭銅貨大のくらゐの焦茶色の饅頭で、餡が入ってゐる。小粒だし、あつさりした味でいくらでも食へる。そのときに、その饅頭の由来を聞いたが、昔、船木に五平太といふ農夫がゐて初めて石炭を発見したので、それをかたどつて饅頭を作つたものだといふ（以下略）」

結局、結論は出ずじまいだったが、大東亜戦争（太平洋戦争）勃発直前に、宇部で「五平太」談議が繰り広げられていたのも面白い話である。

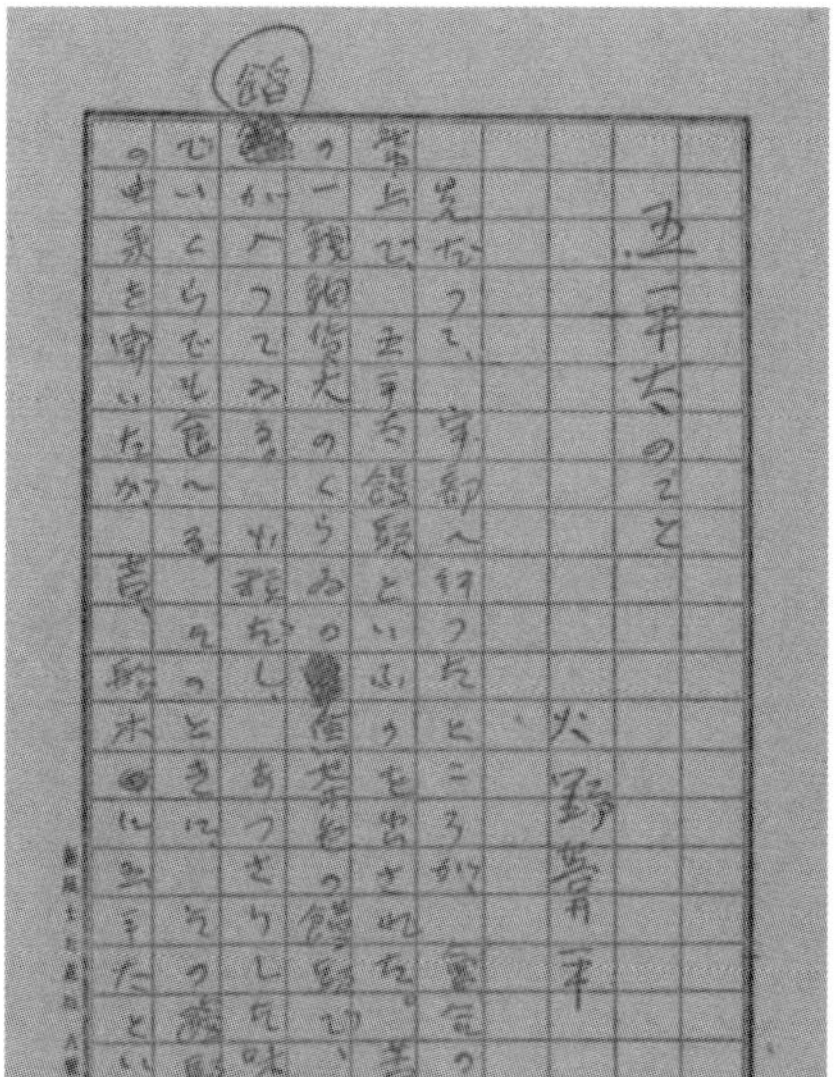
五平太のこと
火野葦平

火野葦平「五平太のこと」の原稿（『石炭鑛業互助会報』第六巻　第八号・昭和 16 年 8 月号・石炭鑛業互助会発行）

戦時中の沖ノ山炭鉱風景（昭和 18 年 6 月・杉谷敏一氏旧蔵）

戦時下宇部のスナップ

昭和一六（一九四一）年五月刊の『都市公論』に、四月に宇部市の渡邊翁記念会館で第九回中国四国市議会長会議が開かれた報告が見える。当時の集合写真が俵田家に残るが、渡邊翁記念会館の入口に「大政翼賛会」の張り紙があり、時代の空気を感じさせる。一方で、沖ノ山炭鉱から発展した宇部興産㈱と宇部油化工業㈱は、昭和一八年一〇月に成立した軍需会社法により、早くも昭和一九年一月に軍需会社に指定されていた（『戦時統制法令叢書　第一八輯　軍需会社法解説』）。こうした背景から宇部市街地は米軍からの攻撃を受け、焼け野原となるのであった。

昭和 16 年 4 月に渡邊翁記念会館で開催された「第九回中国四国市会議長会議」。「大政翼賛会」の文字も見える。前列左端に俵田明がいる（俵田家蔵）

宇部工業会館屋上で米軍機を狙う沖ノ山在軍兵（俵田家蔵）

第4章　占領下のレコード

〈紹介レコード〉

汗の凱歌（ビクターレコードA面・昭和二三年一一月　唄・藤井典明／大谷冽子）／宇部復興音頭（B面・昭和二三年一一月　唄・竹山逸郎／藤原亮子）

Jan.1952 「南蛮音頭」／「南蛮唄」（A面　南蛮音頭　唄・宇部双葉倶楽部／宇部グリークラブ）／（B面　南蛮唄　唄・沖ノ山炭鉱婦人会）

「汗の凱歌」と「宇部復興音頭」

昭和二二年度版『宇部市勢要覧』は、昭和二〇（一九四五）年四月二六日の藤山国民学校付近の米軍攻撃から、八月の終戦に至るまでの空襲記録を収録している。それによると港町の工場、西区の一部から東区の大部分、帝国燃料（旧・宇部油化工業）工場、宇部窒素工業と宇部曹達（ソーダ）工業の工場などが爆撃で破壊されていた。市街地は焼けて、復興が合言葉となる。

こうしたなか、昭和二一年三月に渡邊翁記念会館を拠点に俵田寛夫（俵田明の嗣子）が宇部好楽協会を創立。音楽の力で戦後復興を行う文化事業に着手した。山口医専（現、山口大学医学部）や宇部工業専門学校（現、山口大学工学部）の学生ら、若手も動員しての文化活動である。

昭和二二年九月九日の『宇部時報』で「宇部復興音頭」の歌詞募集が行われたのも、敗戦から立ち直るための精神作興運動の一つだった。賞金は一等五〇〇円（一名）、二等二〇〇円（二名）、佳作一〇名の商品は演奏会招待券であった。締め切りは九月一五日で、主催は宇部市西区

「宇部復興音頭」の発表会会場となった渡邊翁記念会館（平成 27 年 4 月）

朝日町三丁目の楽団リリー事務所。西区三炭町の響鳴堂楽器店と宇部時報社が後援である。曲は東条敏明（戦後に松山町三丁目で東条ギター教室を主宰）が用意した。

九月二六日付の『宇部時報』は東見初の桐原正利氏が一等に当選したことを発表した。そして二八日の昼夜二回、渡邊翁記念会館で発表会をするとつづけている。

面白いのは〝ミス・宇部〟の選出やキングレコードとも連携して、歌手の発掘も行われていたことだった。

一一月七日の同紙は、「宇部復興音頭」の発表会に併せたキングレコードの「新人歌手中部予選大会」が渡邊翁記念会館で開かれ、沖ノ山みどり楽団と宇部曹達（ソーダ）くるみ楽団も賛助出演したと報じている。

会場では男女二一名が自慢のノドを競い、ミス・宇部の公選大会へと移り、その後、市会議員だった前出の桐原正利氏が作詞についての感想を語り、「宇部復興音頭」の演奏が、踊り付きで披露された。

「桐原正利、東條敏明両氏のあいさつの後、直ちに復興音頭を発表すれば満場の聴衆は一節毎（ひとふしごと）に拍手を送り、遂に破れるばかりのアンコールにこたえて再度演奏されるなど、新作宇部復興音頭は大好評のうちに終わつた」（同紙）

この時期、文部省も小中高校でのレコードによる教育に着手していた。九月二六日付の『毎日新聞』（「四課目に音盤教育」）によれば、アメリカや欧米で普及しているレコード教育を日本も導入することになったという。

ビクターレコード「宇部復興音頭」
（宇部市立図書館蔵・俵田レコードライブラリー）

ちなみに、このときから始まった〝ミス・宇部〟の一等は藤井芳子さん（緑橋一丁目・一九歳）がしとめていた。キングレコードの新人歌手コンクールでは、見初の一六歳の少年・川原孝くんが一等だった。

残念ながら「宇部復興音頭」の歌詞カードがなく、宇部市立図書館蔵の「俵田レコードライブラリー」と宇部市学びの森くすのきが所蔵する濵田浅一氏旧蔵のビクターレコード盤（「宇部復興音頭」と「汗の凱歌」）しか確認できない。キングレコードとタイアップしたように見える「宇部復興音頭」だが、実際はビクターレコードから発売されていた。理由は不明だ。

一番歌詞をレコード音源から書き起こしておこう。

〈宇部復興音頭〉

〽 昇る朝日に　平和をのせて　おどる町並み　屋並（やなみ）がひかる　人気繁昌（にんきはんじょう）の　人気繁昌の
友みな来（き）　ヨイサ歌えや　復興宇部の　街は栄える
港から　ソーレ　港から

あくまで耳で聴いた記録であり、「友みな来」のフレーズなども、そう聞こえる程度ということを改めて断っておきたい。

ところで、レーベルのレコード番号PR-1020の下の番号（PE-1041）は「宇部復興音頭」で、（PE-1040）が「汗の凱歌」となっている。若い番号の「汗の凱歌」の方が、おそらく表（A面）と考えられる。

この「汗の凱歌」は「宇部市労働課懸賞募集当選歌」として松井日出夫氏が作詞、飯田信夫氏が作曲と編曲をしていた。歌は声楽家の藤井典明氏とソプラノ歌手の大谷洌子（おおたにきよこ）氏である。

作曲の飯田信夫氏は大阪出身の著名な作曲家なので、歌詞のみを宇部市労働課が募集し、松井日出夫氏が当選したようだ。

実は「宇部市労働課」は、現在確認できる資料では前出の昭和二二年度版『宇部市勢要覧』の「市役所」組織図の総務部に属すものだけしか確認できない。したがって、昭和二二年度までしか存在しなかった部署であろう。

アメリカ占領軍による占領が昭和二〇年九月に始まり、戦後憲法が昭和二二年五月三日から実施されていた。その新憲法により幕開けした〝新しい日本〟の昭和二二年一一月一日の市制記念行事として、「汗の凱歌」の歌詞を宇部市が募集したことが、昭和二二年九月一九日付『朝日新聞』（「宇部市制記念に労働歌募る」）の記事からわかる。そこには、「宇部市の労働者の立場を強調し、労働意欲を高める」歌詞を募集し、締め切りは一〇月二〇日、賞金は一等一〇〇〇円、二等三〇〇円、三等一〇〇円と書いてある。

この「汗の凱歌」の歌詞も、レコード音源から聴いて歌詞を書き起こしておく。

ちなみにレコードでは藤井典明氏が一番歌詞を歌い、大谷洌子氏が二番歌詞を歌っている。

〈汗の凱歌〉

〽宇部は大空　人工都市だ　地下に埋（うず）まる　無限の
価値が　明日の祖国を興（おこ）すのだ
働け　働け　働けば　希望輝く朝が来る

〽宇部は轟（とどろ）く　生産都市だ　同十むすんだ　職場
の意志が　明日の創造　築くのだ
働け　働け　働けば　街は輝け　生きのびる

ビクターレコード「凱旋の汗」（宇部市立図書館蔵・俵田レコードライブラリー）

昭和天皇の沖ノ山行幸

昭和天皇が沖ノ山炭鉱を行幸されたのは「汗の凱歌」と「宇部復興音頭」が発売された直後の昭和二二年一二月であった。中国地方巡幸の一環として、下関から小野田駅経由で、お召列車で宇部に到着されたのである。

一方で、昭和一四年に着工した海底トンネル電車が、戦争によって中断していた沖ノ山炭鉱では、昭和二一年秋から工事を再開し、一二月下旬に開通の見込みであった。昭和天皇が宇部入りしたのは、その直前の一二月三日だった。天皇は正午過ぎに宇部興産㈱に到着して昼食をとられ、屋上から市内を一望された。それから宇部窒素工業の工場と沖ノ山炭鉱を廻り、従業員を励まされるのだ。

翌一二月四日の『防長新聞』によると、職員とその家族、炭鉱関係者ら総勢四五〇〇名が出迎えるなか、天皇が沖ノ山炭鉱に入られたのが一時三〇分。案内役は社長の俵田明だった。そこでまず、俵田が労働組合幹部の松原又一氏を天皇に紹介した。天皇はツカツカと前に進み、「生活は不自由だろうね」と声をかけられた。「ハッ、不自由でも国家再建のため、三千トン出炭のため、力のつづく限りがんばります」と松原が答え、天皇が「労働組合の健全な発達を希望します」と述べられたという。本章扉の写真も、そのときの沖ノ山炭鉱行幸時の風景である。

昭和 22 年 12 月 3 日の昭和天皇の沖ノ山炭鉱行幸。天皇の左が案内役の俵田明（俵田家蔵）

Jan.1952の「南蛮音頭」と「南蛮唄」

宇部市立図書館の「俵田レコードライブラリ」ーに、コロムビア盤の「南蛮音頭」と「南蛮唄」が表と裏に入ったレコードが保存されている。同じレコードが三枚あり、番号（シール）がそれぞれ1878、1879、1880と貼られている（1880のみが割れて、レーベルも半分はがれている）。そのいずれの「南蛮音頭」のレーベルにも「文藝部」の青い印判が捺されているので、本稿では「南蛮音頭」の面を仮に表としておこう。

その「南蛮音頭」の面のレーベルにはA・宇部双葉倶楽部、B宇部グリークラブと書かれている。このうち宇部双葉倶楽部は三味線にあわせて女性が唄う「南蛮音頭」で、一方の宇部グリークラブの方は、伴奏なしで男性の二部合掌で、モダンなハーモニーである。

後に「白鳥の歌」を合唱した女声合唱団メンバーの堀木多津子さん（昭和一一年生まれ）によれば、宇部双葉倶楽部は知らないが、宇部グリークラブの方は宇部市の一般男性ばかりの合唱団だったとのこと。また、レーベルには「Jan.1952」と記され、昭和二七年一月に制作されたレコードとわかる。日本が独立を果たす年である。

これに対して裏面と思われる「南蛮唄」の方は「沖ノ山炭鉱婦人会」が唄っている。レーベルには「南蛮とは宇部で発明された排水機械でそれを押すとき唄ひ伝へられた民謡である」と、わざわざ解説が書いてある。

こちらは野口雨情補作の「南蛮音頭」が登場する以前の労働歌としての「南蛮唄」で貴重な音源だ。『無邊』創刊号（自耕社、昭和四年）の裏表紙に見える「なんばうた譜」と「宇部の民謡（複写本）」（いずれも宇部市立図書館蔵）を参考にして、音源から「南蛮唄」の歌詞を復元しておこう。〈　〉は囃子詞（はやしことば）である。

〽朝は早くから　カンテラさげてナーヨ　親のため
たてこ（竪坑）さがるもヤーレ
〈あー、ぎーとこ、ばーとこ〉

〽なんば（南蛮）おすひーた（押す人は）　ほとけのくらしナーヨ　こめ（米）のママくて（食って）ヤーレ　せんこー（線香）たくー
〈あー、ぎーとこ、ばーとこ、なんばおしゃ　こし（腰）から　十八ゃ　まえから　ぎーとこ、ばーとこ〉

上・「Jan.1952」制作の「南蛮音頭」
下・「Jan.1952」制作の「南蛮唄」
（宇部市立図書館「俵田レコードライブラリー」蔵）

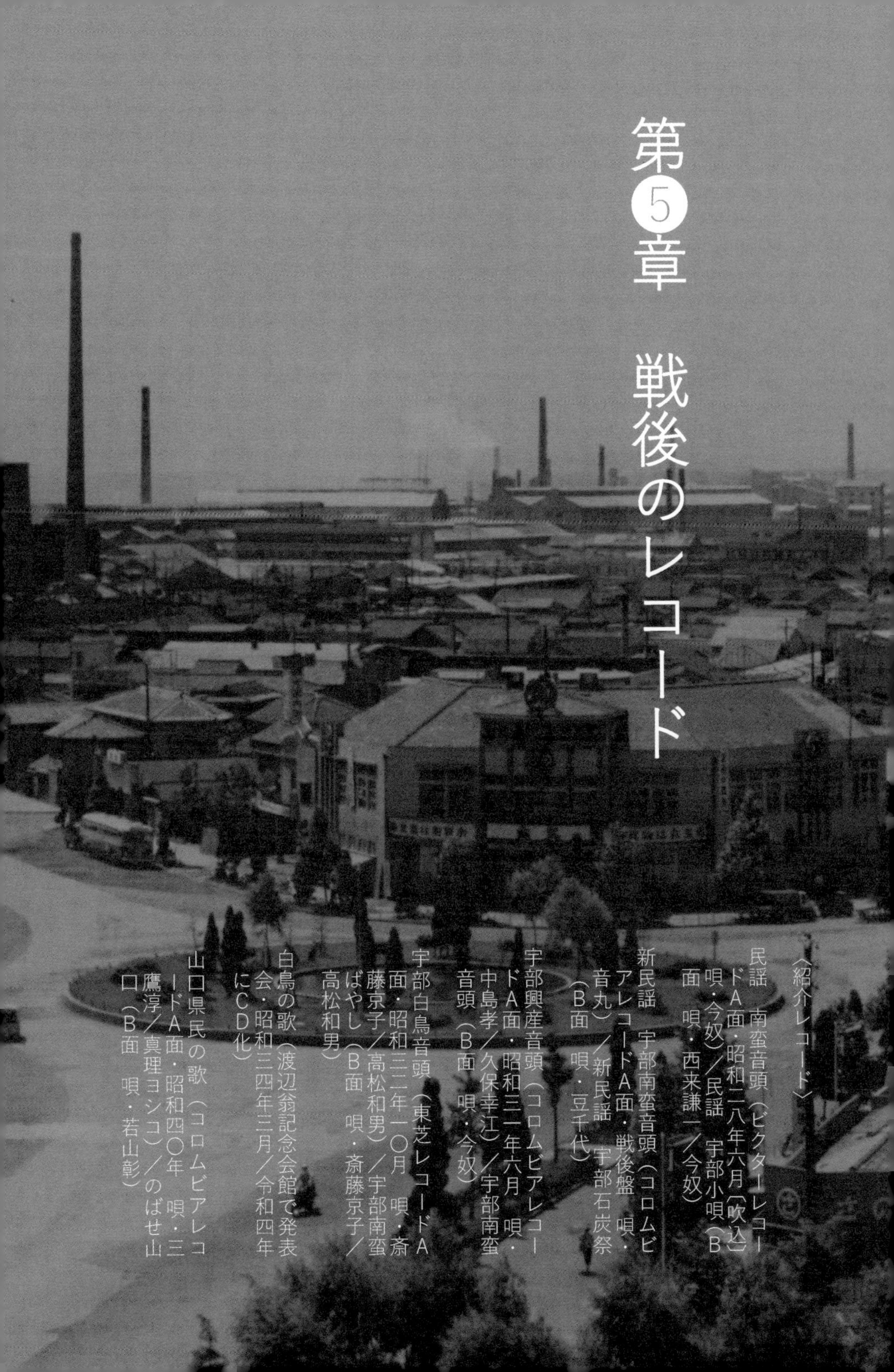

第5章　戦後のレコード

〈紹介レコード〉

民謡 南蛮音頭（ビクターレコードA面・昭和二八年六月（吹込）唄・今奴）／民謡 宇部小唄（B面 唄・西来謙一／今奴）

新民謡 宇部南蛮音頭（コロムビアレコードA面・戦後盤 唄・音丸）／新民謡 宇部石炭祭（B面 唄・豆千代）

宇部興産音頭（コロムビアレコードA面・昭和三一年六月 唄・中島孝／久保幸江）／宇部南蛮音頭（B面 唄・今奴）

宇部白鳥音頭（東芝レコードA面・昭和三二年一〇月 唄・斎藤京子／高松和男）／宇部南蛮ばやし（B面 唄・斎藤京子／高松和男）

白鳥の歌（渡辺翁記念会館で発表会・昭和三四年三月／令和四年にCD化）

山口県民の歌（コロムビアレコードA面・昭和四〇年 唄・三鷹淳／真理ヨシコ）／のばせ山口（B面 唄・若山彰）

南蛮音頭の復活

ウベニチ新聞社（以下、「ウベニチ」と略す）は昭和二四（一九四九）年一〇月一五日に誕生した。宇部時報の編集局長だった藤井清が、独立して創刊した地元紙で、今の宇部日報社本社（宇部市寿町二丁目）の地に創立されていた。その創刊三周年で、宇部愛郷会の会長でもあった藤井清が、南蛮音頭の復活に乗り出す（『ウベニチ50年史』）。

昭和二七年七月一九日には第一回宇部市長杯争奪南蛮音頭コンクールが開かれる（昭和二七年七月一日付『ウベニチ』）。これに先駆け、七月二日に藤井社長が宇部愛郷会を率いてNHK防府放送局で南蛮音頭を吹き込み、六日の広島放送局開局二五周年記念に放送されていた。

つづいて「懸賞募集〝南蛮音頭の戯曲〟」がウベニチで募集され、昭和二八（一九五三）年二月一七日の紙上で神原中学校の教師・古川薫氏（後の直木賞作家）が一等に輝く。タイトルは「春の炭鉱」。今となっては内容は不明だが、森本覚丹氏が講評で、「南蛮車（ナンバ）を発明した向田兄弟の発明苦心談を戯曲にしたもの」と語っていた。大正一四（一九二五）年に下関で生まれた古川さんは見初小学校に一年生で入学して以来、宇部で過ごしていた。

濵田浅一の手元に残る昭和二八年三月二一日の「ABC朝日放送（大阪）産業と民謡の旅　全国放送　山口県代表　宇部小唄」の写真からも、明るい復興気分が伺える。

同じ系統では、「南蛮音頭／宇部小唄」のラベルの貼られたSCOTCHのオープンリールテープ（録音は昭和二八年七月一七日）も濵田家に残っていた。これは大阪市北区の朝日放送㈱で録音されたものだ。

一方で宇部愛郷会のメンバーを率いて「南蛮音頭」と「宇部小唄」をレコードに吹き込むために、藤井社長は昭和二八年六月三日に上京、ビクターレコードを訪ねていた（同年六月四日付『ウベニチ』）。この録音にも濵田浅一が日吉正茂と尺八で参加していた。指揮は藤井清、唄は

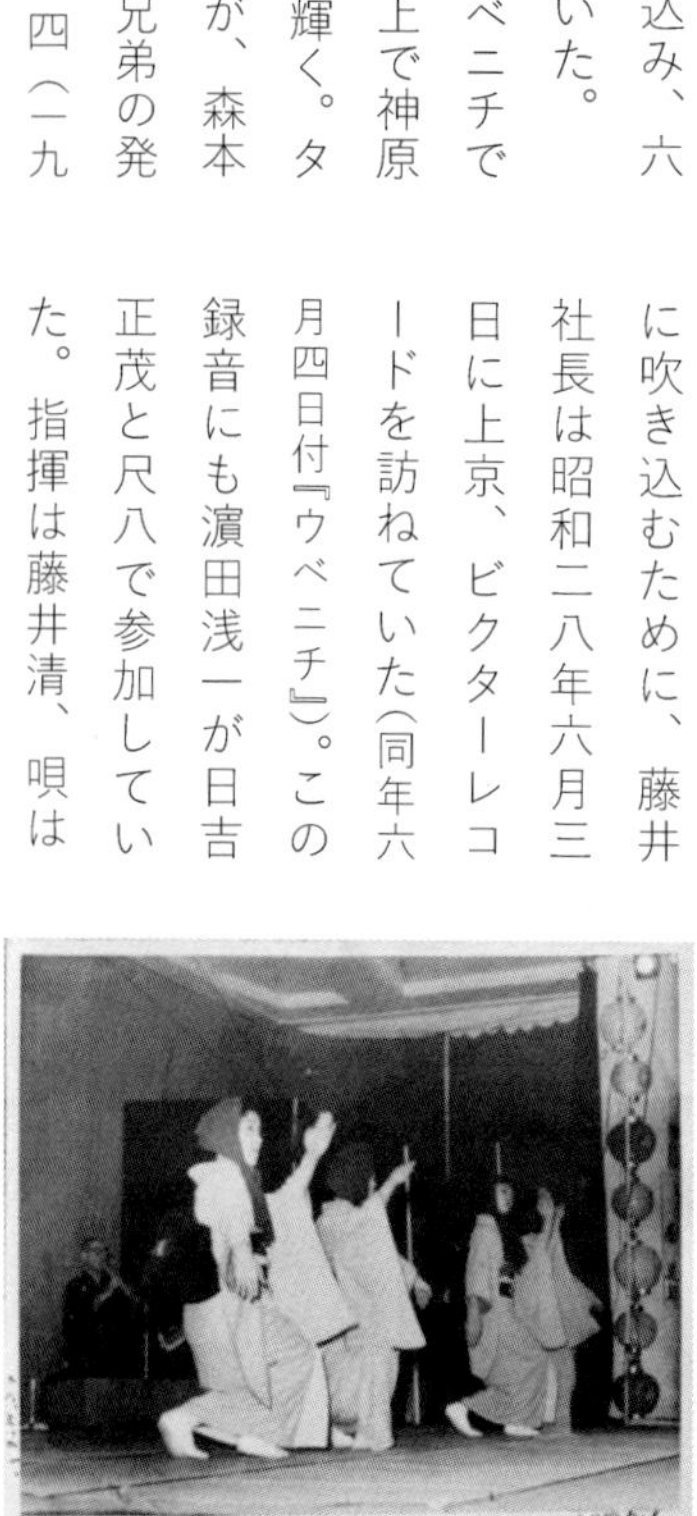

昭和 28 年 3 月 21 日　A.B.C 朝日放送「産業と民族の旅」大阪十合百貨店七階ホールにて「南蛮音頭」と「宇部小唄」を披露。尺八が濵田浅一（濵田素明氏旧蔵）

西来謙一と今奴（松谷君子）。三味線は木船セキヨ、武田チエ、浜中松子。太鼓が佐古勇で、鉦が岡本マスエ（河長の女将）である（同年六月二〇日付「ウベニチ」）。そのときのビクターレコード「民謡　南蛮音頭」／「民謡　宇部小唄」も「俵田レコードライブラリー」に保管されている。レコード番号はV-41089。

これとは別に、コロムビアレコードの「宇部南蛮音頭」／「宇部石炭祭」も「俵田レコードライブラリー」に保管されている。

三章の「宇部石炭祭」で紹介した昭和　一年に制作された盤（レコード番号は29097）と同じ音源だが、レーベルのタイトルが戦前の右から左にではなく、左から右へ書かれた戦後バージョンだ。

表と裏も戦前とは逆で、A面が「新民謡　宇部南蛮音頭」。B面が「新民謡　宇部石炭祭」。時期は明確ではないが、同じく復興気運の中でプレスし直されたもので、レコード番号はA1543である。

懸賞入選作發表

懸賞募集 南蛮音頭の戯曲

△佳作一席 賞金二千円 古川薫氏作「春の炭鑛」

△佳作次席 賞金一千円 竹原利夫氏作「明日への歌」

戯曲選後評

春の炭鉱

明日への歌

ウベニチ新聞社

左上・「南蛮音頭／宇部小唄」が録音されたSCOTCHのオープンリールテープ（現、宇部市学びの森くすのき蔵）

左中・南蛮音頭をテーマにした戯曲で一等になった古川薫記事（昭和28年2月17日付『ウベニチ』）

左下・戦後復興期の「宇部南蛮音頭」（A1543・俵田レコードライブラリー蔵）

右下・昭和28年6月に宇部市愛郷会が吹込んだ「宇部南蛮音頭」（V-41089・前同）

「宇部興産音頭」

明治三〇（一八九七）年六月に創業した沖ノ山炭鉱は、俵田明の主導により昭和一七（一九四二）年三月に宇部興産㈱と生まれ変わった。そして昭和三一（一九五六）年一一月に創立六〇周年記念式典を開催を迎えた。

この記念で作られたのが「宇部興産音頭」である。渡邊祐策の曾孫である渡邊裕志氏が所蔵するコロムビアレコードのレーベルから、河崎道成氏が作詞、野村俊夫氏が補作、古賀政男氏が作曲したことがわかる。唄は久保幸江氏と中島孝氏。三味線が豊吉と豊静で、コロムビアオーケストラとコロムビア合唱団が音を添える。

〽ハア、見せてやりたや　チョイト　興産ざくら
アラヨイショ　ヨイショ
石炭（スミ）が元根の　八重一重
工場　工場に　開いて咲いて
宇部にや黄金の　風が吹く〳〵　ソーダネ

裏面は宇部市愛郷会連中が伴奏し、今奴が唄う「宇部南蛮音頭」である。レコード番号はSPR1577。「©56.6」とあるので、一九五六（昭和三一）年六月に制作されたことがわかる。つづいて八月一二日付の『ウベニチ』は、「あす12日〝興産音頭〟もご披露」と題して、南蛮音頭コンクールに、宇部窒素常盤社宅婦人部が宇部興産を音頭を踊ると報じている。

コロムビアレコード「宇部興産音頭」
レーベルに「©56.6」とある（渡邊家蔵）

宇部興産㈱は翌年（昭和三二年八月）に六〇周年記念行事写真集『その弥栄を歌う』を発行した。その巻頭には、以下の西條八十の「宇部興産賛歌」が据えられている。

うつくしき瀬戸内海の渚に聳（そび）え
意気の火焔（かえん）うずまく煙筒（えんとう）
協和の合唱（コーラス）も快（こころよ）きドリル
燦（さん）として、また儼（げん）にかたちづくる
科学の近代都市　あゝ壮（さかん）なるかな　宇部興産

巻末には、「宇部興産創業六十周年記念行進歌」も載っており、「ああ玉杯に花うけて」の曲で唄うとの指示がある。作詞は渡辺明で、こちらは実際に唄われたようだ。

〽緑が浜の地下深く　輝きわたる黒ダイヤ
われらの進む道清く　永（とこし）えの火はもえたちぬ
先人の偉業ここにあり　迎えて祝う六十年

この創業六〇年行事を主導したのは当時の社長・俵田明である。東見初炭鉱出身の松本佐一が、昭和二一年一二月に旧来の松浜炭鉱を復活させて経営したのも俵田の呼びかけからだ。これは昭和三九年一一月に閉山するが、この間の同三六年一月に松本氏は宇部百扇会を発足させ、初代会長として「南蛮音頭」の踊りの普及に努めた。同四四年一〇月に竣工した常盤公園内の石炭記念館も松本氏が東見初炭鉱の鉄骨竪坑櫓を移設したものだ。

翌四五年六月には「南蛮音頭」の地方（じかた）や踊り唄などの後継者を育成するため、宇部南蛮音頭保存会も発足させている（『70年の思い出』）。館内でも氏が収録した「南蛮唄」が流されていた。氏は昭和三年から四年にかけて常盤池の飛び上がり地蔵を現在の形に整えた当事者で、この地蔵は「宇部小唄」の歌詞にも登場する。宇部商工会議所副会頭、常盤遊園協会副会頭を歴任。紺綬褒章、藍綬褒章、勲四等瑞宝章を受章した知名士である。

上・「宇部興産創業60周年記念式場」となった渡邊翁記念会（宇部時報社長・上郷誠一氏旧蔵）

下・宇部百扇会・宇部南蛮音頭保存会の初代会長・松本佐一（『70年の思い出』）

「宇部JC音頭」

宇部青年会議所こと、宇部JCは昭和三一（一九五六）年五月に全国で九三番目の会員会議所として誕生した。

そもそもJC運動はアメリカのセントルイスのヘンリー・ゲッセンバイヤー（ダンス・クラブ会長）が一九一五（大正四）年に青年の力を結集して大衆社会へ奉仕する重要性を提言したことにはじまっていた。その結果、一九二〇（大正九）年には二四の都市のJCが集まり、US・JCが組織されたのだ。そんなアメリカ仕込みのJC運動が日本に入ったのは戦後、GHQの指導下においてであった（『明日への黎明　日本青年会議所20周年記念』）。

面白いのは宇部JCが、早くも誕生から三月後の昭和三一年八月に、独自に「宇部JC音頭」を制作し、発表していたことである。

同年八月一三日付の『ウベニチ』は、一二日の夜に宇部市居能の三島神社境内で宇部愛郷会主催で行われた「南蛮音頭競技大会」のアトラクションとして、宇部jCの有志三〇名が浴衣姿で「宇部JC音頭」を披露したと伝えている。歌詞は以下であった。

〽ハア　出船入船伸び行く宇部を
描くグラフの調査表　つらいね夜の探訪記事は
宇部のJC心意気　ソレソレソレ心意気

〽ハア　石炭（スミ）の都で自慢のものは
高い文化の花開く　音楽教室チヨイトたのしいね
宇部のJC心意気　ソレソレソレ心意気

〽ハア　広い世界の知識を求め
若い世代は伸びてゆく　妻もあの子も応援団よ
宇部のJC心意気　ソレソレソレ心意気

〽ハア　北も南も他国の人も
月の笑顔に和（輪）を組んで　JC音頭でホラ夢がわく
宇部のJC心意気　ソレソレソレ心意気

記事では二番以下の「宇部のJC心意気　ソレソレソレ心意気」の囃子が省略されていると思われたので、これを補足し、復元して掲載した次第である。

残念ながら、現在の宇部JCでは、「宇部JC音頭」は忘れられてしまっている。だが、「宇部JC音頭」は、戦後も郷土の音楽主義が、受け継がれた一例であったのだ。

「宇部白鳥音頭」と「宇部南蛮ばやし」

宇部市の常盤公園の整備は、満洲で「花と緑」の公園都市化を手掛けた折下吉延（おりしもよしのぶ）が主軸となり、当時の部下の佐藤昌と、同じく佐藤の部下の山崎盛司ら、満洲組の手によりなされた。

そもそも満洲の緑地化は、ヒトラーが環境保護目的で起用したアルビン・ザイフェルトのアウトバーンの緑地化に倣ったものだ。満洲においても随所に流用された国民社会主義的手法を、戦後、折下―佐藤―山崎のチームで、常盤公園の「無柵式」の動物園化や、白鳥の放鳥に投影したのである。「白鳥百羽放養」を折下が提案し、常盤湖が白鳥湖になったのは、まさにその一例だった（『村野藤吾と俵田明』）。

常盤池は昭和三二（一九五七）年七月七日、オランダから届いた二〇羽の白鳥が放たれて白鳥の湖となっていた（七月九日付『宇部時報』）。

つづいて八月一四日付の『宇部時報』が「白鳥の湖ここにあり」と題して「白鳥音頭」の歌詞が市民から募集される。

担当課は宇部市役所経済局商工課だ。

一等の賞金が五〇〇〇円、佳作が五編で、各一〇〇〇円。

宇部では相変わらず地域ソング創作の人気が高く、九月二七日付の同紙で応募が三〇〇通に達したと報じられていた。

A面「宇部白鳥音頭」とジャケット（堀雅昭旧蔵・宇部市学びの森くすのき蔵）

そして審査の結果は、香川県坂出市の教員・脇太一氏が一等賞になったと一〇月九日付の同紙が明かす。脇氏はラジオ体操の歌の作詞家であった。

次は曲を作ることになる。商工課が依頼したのは東区五反田通りに住む地元作曲家の東条敏明氏だった。その完成を一〇月二四日の同紙が報じた。東条氏は下関商業学校を卒業後、宇部曹達（ソーダ）工業㈱に就職。昭和三〇年に退社してからは音楽に没頭し（※1）、既にみたように「宇部復興音頭」や「汗の凱歌」の作曲を手がけていた。作曲に際しては歌詞が一部補作され、以下と定まる。

〽宇部の白鳥か　白鳥の宇部か
　花もほほえむ　常盤の池に
かわい白鳥が夢を見る
さくら吹雪に　ホーレ吹雪に
ソーダ　ソレソレ　夢を見る

東芝レコードから発売された赤版（※2）のレーベルには増田幸造が「補作・編曲」していた。唄は斉藤京子と中島正二で、三味線が豊静と豊園である。

裏面は山田耕筰の弟子である牧野由多可が作曲した「宇部南蛮ばやし」で、作詞者名は不記載で、斉藤京子と高松和男が唄っている。

〽ハアー　厚東山から　恋文とどき　なびく常盤の　八重桜　八重桜
仲をとりもつ　琴崎さまは　花の吹雪に　南蛮唄
数えなされよ　歌いなされよ　歌でご器量が　ヤレ下がりゃせぬ

レコードのレーベルに「宇部市観光協会」の文字が見えるように、街おこし目的で制作されていた。

その後、観光協会は「炭の都白鳥」を観光資源とするため、昭和三三年九月一〇日付の『広報うべ』で「宇部みやげ品募集」を行っている。

（※1）昭和三四年三月一七日付『宇部時報』「めずらしい〝楽譜〟を出版」
（※2）一九六〇年代に東芝がリリースしていた赤色半透明のレコード。

B面「宇部南蛮ばやし」（堀雅昭旧蔵）

「白鳥音頭」佳作入選

募集された「白鳥音頭」の歌詞であるが、応募者は宇部市の内外から集まり、一等の脇太一同様に、選ばれた五編の佳作にも宇部市以外の人がいた。

ここでは昭和三二（一九五七）年一〇月一〇日付の『宇部時報』に発表された佳作当選者とその作品を紹介しておく。

玖珂郡美和町　山本鳳亮・作詞

ハア　宇部は名どころ　白鳥どころ
恋の浮き　常盤の契りヨ
色香　映して　春がくる
くる　くる　ソレくる　春がくる
白鳥スイスイ粋ときて　ステキダネ

佐世保市山ノ手町　原光枝・作詞

ハア　藍を浴した　常盤の池を
舞うは白鳥の　バレリーナ
松の緑を　逆に映し
まるで絵に見る　美しさ
ソレ　宇部はよいとこ　繁昌どころ
白鳥音頭で　どんと踊れ

市内東見初本町　斉藤キクエ・作詞

ハア　私しや白鳥　色には染まぬ
人の情にや　ツイホロリ
チヨイト常盤で　水化粧
夫婦鏡で　紅カネ映えりや
飛び上り地蔵さん　顔染めて
ヤアンレキタサと　お手拍子

市内藤山区居能　北山英夫・作詞

ハア　松のみどりが　色よく映えて
面（ツラ）は鏡の　常盤池の江
私しや白鳥　私しや白鳥
ソレ　輪をえがく

下松市　金子善也・作詞

ハアー　花の雲から　朝日が昇りや
呼ぶよ宇部市の常盤池
あそぶ白鳥　東洋一の
まねく絵巻に　ヨヤサノサ
パツト　ソレソレ　人の波

常盤池の白鳥（平成20年8月）

「白鳥の歌」

昭和三四（一九五九）年四月は皇太子殿下（後の平成天皇）のご成婚のという慶賀の年となる。すでに前年（昭和三三年）一一月二七日付の『毎日新聞』などでも「皇太子妃に正田美智子さん」などと一面で大きく報じていたので、日本中がご成婚ムードで盛り上がっていた。

こうした延長線上に、宇部市においても昭和三四年二月一八日の『宇部時報』が、祝賀に向けて市の歌を作りましょうと報じたのである。

堀木多津子さん（令和6年4月）

実は同じ目的で、児童文学者協会常任理事の小林純一氏に常盤湖の白鳥を題材にした作詞を宇部市が依頼しており、二月一七日には東京から小林氏が宇部入りをして、商工観光課の課長の案内で常盤湖の白鳥を視察していた（二月一九日付『宇部時報』）。こうして三月には小林の作詞した「白鳥の歌」が出来上がり、西崎嘉太郎の作曲で曲がつくのである（三月一九日付『宇部時報』）。

〽ときわ湖の　水のおもてに　影うつす
清らかな鳥　白鳥よ　ああきょうもまた　訪（と）う人の
こころに夢を　えがかせて　ただよい浮かぶ　白鳥よ

三月二〇日には明治大学マンドリンクラブの第三回宇部演奏会が渡邊翁記念会館で開かれ、「白鳥の歌」が発表されていた。作曲家の西崎氏が自ら歌曲指導を行い、昼は市役所混成合唱団、夜は宇部グリークラブと女声合唱団、あかね会によるコーラスも行われた。

当時、リアルタイムで「白鳥の歌」を歌った一人が堀木多津子さん（宇部市大小路三丁目在住）だった。

堀木さんは昭和一一年に防府市で生まれたが、幼少期に父の仕事の関係で満洲に移住。姉が新京にあった放送局の合唱団に入団していたことで、音楽に興味を持ったという。小学校四年時に敗戦。一年間満洲にとどまり、宇部市に引き上げると、小学校五年から上宇部小学校に編入された。

その後、常盤中学校、山口大学に進学して結婚。「白鳥の歌」を唄ったのが二三歳ころであったという。

「当時、白鳥といっても見たこともない鳥で、アヒルとの違いもわかりませんでした。とても新しい感じがあり、光が差した印象でした」

各合唱団の指導をしていた中学教師の本広淳助（もとひろじゅんすけ）氏の尽力で、市内の学校でも唄われたが、遂にレコード化はされず、何時の間にか忘れ去られた。

ちなみに本広氏は、宇部市立桃山中学校（昭和二三年一〇月開校）の校歌の作曲も手がけ、これについては「宇部白鳥音頭」の作詞者である脇太一氏が作詞していた。すなわち昭和三三年一〇月の創立一〇周年に際して作られた校歌である（『宇部市立桃山中学校　創立五〇周年記念誌』）。

〽朝風澄みて　陽に匂う　桃山台の　春秋を　希望は燃えてはつらつと　真理を学ぶ　若き友　われら桃山　中学に見よ　向学の誓いあり

それはともかく、忘れられた「白鳥の歌」を後世に残すため、堀木さんと有志が、令和元年（二〇一九）年から歌の復元活動を始めた。そして令和四年二月に、少部数ながらCD化を成し遂げる。復活盤CDには歌入りのピアノ伴奏とギター伴奏、ピアノ及びギター伴奏カラオケの四種類が収録されている。

復活盤「白鳥の歌」（CD・堀木多津子さん提供）

「皇太子様御結婚奉祝歌」

昭和三四（一九五九）年四月九日と一〇日に行われる皇太子殿下（後の平成天皇）の御結婚祝行事用として、宇部市では提灯行列で唄う奉祝歌の歌詞を市民から募集した。主催は宇部ユネスコ協会である（三月一〇日付『宇部時報』）。すでに見たように一〇日後の三月二〇日には渡邊翁記念会館で「白鳥の歌」が披露されるなど、宇部市では白鳥の話題と共に、熱気を帯びていった。

四月八日付の『宇部時報』で公表された宇部ユネスコ協会制定の「皇太子様御結婚奉祝歌」の作詞者は芦田真砂美氏、作曲者は佐々木すぐる氏だった。

〽野山に谷に美しく　咲いた花までにぎやかに　今日のよろこびうたつてる　うたつてる　皇太子さまおめでとう　日に日にのびゆく　ひのもと（日本）の　大きいのぞみがわいてでる　お日さまにこにこ　うれしそう　うれしそう

〽田舎に町に人の波　ゆれるうたごえにぎやかに　今日のよろこびたたえてる　たたえてる　皇太子さまおめでとう　遠いお国の人までも　手に手に旗をふりながら　みんながにこにこ　うたつてる　うたつてる

「皇太子様御結婚奉祝歌」（昭和 34 年 4 月 8 日付『宇部時報』）

山口国体と「山口県民の歌」

山口県は昭和三七（一九六二）年に「山口県民の歌」を制定した。皇紀二六〇〇年の昭和一五年に、初代の「山口県民歌」が作られたが、敗戦でGHQによって禁止。昭和二六年に「山口県民の歌」の詩が公募されて大村能章氏の作曲で二代目が完成した。それに続く三代目の県民歌として、県政施行九〇周年記念事業の一環として制定されたのである。佐藤春夫氏が作詞し、信時潔氏が作曲した三代目の「山口県民の歌」は、翌年（昭和三八年）の山口国体でも盛大に歌われた。

〽　錦帯橋はうららかに　秋吉台はさやかなり
　秀麗の地に偉人出で　維新の偉業成せるかな
　誇りと使命忘れめや　山口県の我らみな

レコードは昭和四〇年にコロムビアから発売されて、三鷹淳（本名・持光正輝）氏と真理ヨシコ氏が唄っていた。裏面は橋本正之氏の作詞、片山正見氏の作曲である「のばせ山口」。唄は若山彰氏である。

ところで前出の山口国体は夏季と秋季の二つの大会を合わせて、県内六九会場、三二種目の競技が行われていた。宇部市は夏季大会の主会場で、昭和三八年九月一五日から一八日までの四日間、水泳競技などで盛り上がった。だが、このときの最大の目玉は、結婚四年の皇太子ご夫妻が宇部に来られたことだった。宇部も三代目「山口県民の歌」と共に、大いに盛り上がったのである。

上・山口国体にて恩田公園プールに到着された皇太子殿下と美智子妃（昭和38年9月・末山哲英氏蔵）
右・「山口県民の歌」（山口県立図書館蔵）

常盤公園での皇太子殿下と美智子妃（昭和 38 年 9 月・末山哲英氏蔵）

第6章 高度経済成長期のレコード

〈紹介レコード〉

宇部市民の歌（コロムビアレコードA面・昭和三七年一一月 唄・三鷹淳）／宇部市民行進曲（B面 演奏・コロムビアオーケストラ）

宇部中央銀天街音頭（コロムビアレコードA面・昭和四六年一〇月 唄・三鷹淳／わかばちどり）／宇部市民の歌（B面・唄・三鷹淳）

常盤湖慕情（キングレコードA面・昭和四五年一二月 唄・和泉たか子）／萩の人（B面）

吉部音頭（クレオレコードA面・制作年不明（作詞時期・昭和五一年） 唄・湊栄一／B面 カラオケ）

小野音頭（キングレコードA面・昭和五三年八月 唄・三橋美智也）／軽音楽 小野音頭（B面 キングオーケストラ）

万倉音頭（CDとテープ・平成一〇年 唄・頼田悠李）

宇部高等学校 創立60周年記念（東芝EMIレコードA面 昭和五四年一一月 1・宇部高等学校校歌 2・宇部高等学校賛歌／B面 1・山口県立宇部中学校校歌 2・山口県立宇部高等女学校校歌 唄・宇部高等学校混成合唱団）

船木小唄（昭和初期から唄われていた民謡の復刻DVD・平成三一年 唄・頼田悠李）

にしきわ音頭（コロムビアレコードA面・昭和五四年六月 唄・都はるみ）／南蛮音頭（B面 唄・三鷹淳／わかばちどり）

「宇部市民の歌」と「宇部市民行進曲」

昭和三一（一九五六）年末に石橋湛山内閣が成立したが、年明け早々に石橋が病に倒れ、山口県出身の外相・岸信介氏が総理になった。第一次岸信介内閣の誕生は昭和三二年二月である。岸は五月に、「汚職・貧乏・暴力の追放発言」をする。戦前の満洲時代からの革新官人脈をも駆使して戦後復興に着手し、昭和三五年七月の第二次岸内閣の総辞職までに日米関係の修復を行った。そしてまた復興の基礎も築いた。つづいて岸内閣時代の大蔵相・池田勇人氏が政権を担い、所得倍増計画を閣議決定。日本は奇跡的ともいわれた高度成長時代に突入するのだ。

それは満洲時代に岸氏が手がけた国民社会主義政策の焼き直し的な性格を持ち、国民の実感を伴う成長が地方にも波及していった。

こうした復興気運のなかで、宇部市でも昭和三七（一九六二）年になると、「みんなでうたおう運動」が幕を開ける。「宇部市明るい市民運動」の一つとして、職場や地域での歌唱グループを増やし、音楽で街を盛り上げる街

昭和 37 年 11 月 9 日付『広報うべ』で紹介された「宇部市民の歌」

おこしであった。そこで、「宇部市民の歌」を作ることになり、昭和三七年九月八日付の『宇部時報』で歌詞の募集が行われた。その選考の結果、「宇部市民の歌」は完成するのである。

一一月九日付『広報うべ』の「みんなでうたおう市民の歌」によると、応募総数一一七編から一等に選ばれたのが西区下条の宮川杜詩雄氏の詩であった。

作曲者は若松正司（わかまつまさし）氏である。

若松は昭和二八年に民放の編曲の仕事をしたのを契機に、放送やレコードでの活動をはじめ、昭和三一年にNHKで東京フィルによるポップスオーケストラのレギュラーアレンジャーとなっていた（『日本の作曲家　近現代音楽人名事典』）。

こうして宇部市明るい市民運動推進協議会の補作により、完成した歌が次である。

〽うるわしいみどりのまちに　ひとびとの集まる広場
　こだまする平和のこえよ　われらのきずく宇部　宇部のまち

〽たくましくのびゆくまちに　若もののはたらく職場
　わきあがる希望のうたよ　われらのきずく宇部　宇部のまち

〽やすらかにくれゆくまちに　親と子のよりそう家路
　ともされる明日へのひかり　われらのきずく宇部　宇部のまち

時を同じくして、創刊五〇周年を迎えた宇部時報社は記念事業として、宇部工業高校から武蔵野音楽大学に入り卒業した郷土出身の新進歌手・三鷹淳を招いて、一一月一日と二日の宇部まつり（旧、石炭祭）で、「三鷹淳と歌う会」を市内六か所で開催した。このとき東条敏明氏の伴奏で、三鷹が「宇部市民の歌」の歌唱指導を行っていた（一〇月二〇日付『宇部時報』）。その時期、リアルタイムで「宇部市民の歌」を歌った

末冨茂樹さん（2024年4月）

一人が、末冨茂樹さん（昭和二三年生まれ・宇部市東須恵）だった。長門市で生まれた末冨さんは一歳から宇部での生活を始め、藤山中学校の合唱部で二、三〇人の部員たちと渡邊翁記念会館で「宇部市民の歌」を歌ったと語る。

それからしばらくして、所用で訪れた市役所において、「宇部市民の歌」を歌ったという話題になったとき、職員が〝記念になるだろう〟と「宇部市民の歌」のレコードをくれたのだとか。歌の吹込みは三鷹淳氏であった。

コロムビアレコードには三鷹氏の顔写真入りの楽譜と歌詞カードが付いている。レコード番号はPRE1249で、45rpm（四五回転）だ。

裏面は若松正司・作曲、福田正・編曲の「宇部市民行進曲」で、演奏はコロムビアオーケストラである。

ちなみに「宇部市民の歌」が完成した昭和三七年の一二月に、岸信介氏は娘洋子の夫で衆議院議員の安倍晋太郎を同行して、ローマ日本文化会館の開館式出席のために訪欧していた。

戦後復興が、確かな足取りで前に進みはじめた時代に「宇部市民の歌」も生まれていたことになる。

コロムビアレコード「宇部市民の歌」。歌詞カードのペン書きは 2018 年 6 月 2 日に末冨氏が三鷹淳に会った際に本人から貰ったサイン（末冨茂樹氏旧蔵）

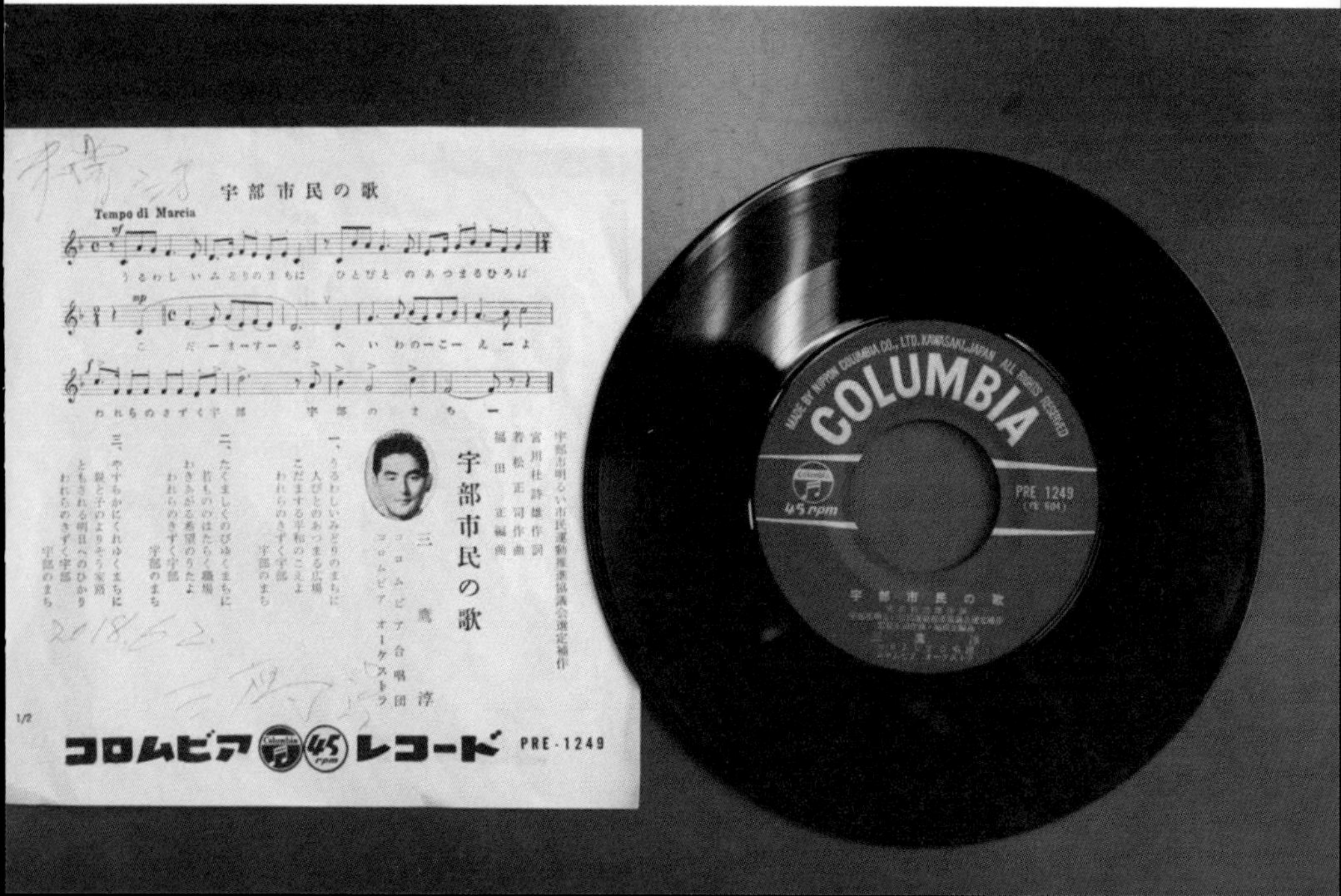

市制九〇周年に蘇る「宇部市民の歌」

大正一〇（一九二一）年の市制施行から九〇年目の節目を迎えた平成二三（二〇一一）年一一月に、宇部市は「宇部市民の歌」をCDとして蘇らせた。

同年一月に市のイメージキャラクターとなった「チョーコクン」のデザインを施したCDだ。ちなみに、この「チョーコクン」は、白鳥の湖となった常盤湖畔で昭和三六年七月に「第一回宇部市野外彫刻展」が開催されて以来、彫刻の街として売り出したことで、ご当地キャラになったのだ。実にこの彫刻運動も、「宇部市民の歌」が制作される一年前にはじまっていた。

なお、市制九〇周年記念事業でCDに再録されたのは、「合唱・オーケストラバージョン」、「ピアノ・オーケストラバージョン」、「カラオケバージョン」の三種類である。演奏は宇部市民オーケストラで、合唱は市制九〇周年記念合唱団が主体である。

市制九〇周年の記念式典は、一一月一日に姉妹都市のオーストラリアと友好都市の中国威海市からも来賓を迎え、渡邊翁記念会館で盛大に開かれた。そのとき「宇部市民の歌」の大合唱も鮮やかに蘇った。

大正一三年に創立された宇部文藝協会同様、「共存同栄」の精神を保存した市民主体のCDは、今では貴重な歴史的音源である。

宇部市制90周年を記念して制作された再録版「宇部市民の歌」CD（宇部市立図書館蔵）

「宇部中央銀天街音頭」

地方の団体が委託制作をしたレコードの情報は国会図書館にも記録がないものが多い。プレス数も少なく、時間が経てば存在自体が確認できなくなる。宇部中央銀天街が制作した「宇部中央銀天街音頭」のレコードが、まさにそんな幻の一枚だった。

このレコードの探索には苦労したが、宇部市西本町二丁目のレコードコレクター・奥瀧隆志さん（昭和四〇年生まれ）が、奇跡的に所蔵していた。二〇年程前に、山口市の亀山公園ふれあい広場（山口県立美術館の向い）で開かれていた骨董市で偶然見つけたのだとか。ジャケットには宇部市出身の歌手・三鷹淳さんと、わかばちどりさんの顔が載っている。「宇部中央銀天街音頭」は四番まであるが、ここでは二番までを書いておこう。

〽君に会うとき　かえるとき　春は宇部駅恋の道　まがれば近い銀のいろ　若い笑顔に咲いている　銀の中央銀天街　ごっぽ　ええとこ銀天街

〽一は人情　二は音頭　夏は白鳥のむれおよぐ　常盤の水の輪のように　明日へひろがる人の輪に　銀の日傘がうたってる　ごっぽ　ええとこうたってる

歌詞カードの下に「Ⓟ71・10」とあるので、昭和四六年一〇月の印刷とわかる。委託盤のコロムビアレコードで、発売も、その時期であったようだ。

実は「宇部中央銀天街音頭」自体は、アーケードにカラー舗装が施された昭和三八年に早くも作られていた（宇部市立図書館蔵『商業近代化資料』所収の『宇部中央銀天街の近代化ビジョン』）。

それが昭和四六年にレコード化された理由は、その年が宇部市制五〇周年の記念すべき年であったからだろう。実際、一一月一日から三日間行われる市制五〇周年を祝う宇部まつりでも、二日目のパレード参加三一チームのうち、中央銀天街が（宇部中央）銀天街音頭でパレードをしていた（昭和四六年一〇月三〇日付『ウベニチ』）。

あるいは昭和四六年は一〇月に宇部を代表する大型スーパー「セントラル大和」が、中央町二丁目に開店してもいた。この建物（宇部三和ビル）の経営者は柳井正氏

(現、ファーストステイリング社長)の父・柳井等氏であった(※1)。ダイエーが進出し、同じ中央町二丁目に地下と一階が丸久「ショッピングセンター」、三階から五階までがダイエー「ショッパーズプラザ」の入った商業ビルも開業した(※2)(昭和四六年一一月二六日付『宇部時報』)。

いずれも中央銀天街に連結したジャンボスーパーで、中央銀天街繁栄の象徴でもあった。「宇部中央銀天街音頭」のレコードは、アーケード街に勢いのある時代に作られた歴史的音源である。

(※1)昭和四六年一〇月一四日付『宇部時報』「宇部三和ビル竣工」広告。この時期、柳井等は洋服を扱う小郡商事㈱や土木工を請け負う柳井産業㈲などの社長も兼任していた。

(※2)昭和四六年一一月二六日付『宇部時報』「マルキュウ・ダイエー一一月二七日開店」広告。

レコードコレクターの奥瀧隆志氏(2024年4月)

昭和46年10月に発売されたコロムビアレコード「宇部中央銀天街音頭」(奥瀧隆志氏蔵)

「常盤湖慕情」

順番は若干前後するが、「宇部中央銀店街音頭」が作られた前年である昭和四五（一九七〇）年一二月にキングレコードから「常盤湖慕情」が発売されていた。

〽白く清らな　白鳥の　姿にも似た
愛（いと）しい女（ひと）よ
今はかえらぬ　面影を　抱いてさまよう　たそがれは
未練が泣かす　常盤湖慕情

作詞は池田一馬氏、作曲は三宅隆司氏、編曲は河合英郎氏で、音楽はキングオーケストラだが、尺八で始まる演歌調である。B面は同じ作詞者と作曲者でタイトルは「萩の人」。レコード番号はNCS286である。

宇部市昭和町二丁目出身の和泉たか子さん（本名・林良子）の歌手デビュー作で、年が明けた昭和四六年一月一〇日に渡邊翁記念会館で発表会が開かれている。入会金二〇〇円で後援会も結成され、会場では一枚四〇〇円でレコードが販売された（昭和四六年一月六日付及び同九日付『宇部時報』）。

なお、和泉たか子を、後に千城たか子と改名。昭和五三年七月の十七夜祭りでは昭和町商店街で「千城たか子ショー」を開いていた（昭和五三年七月一八日付『宇部時報』）。

昭和 45 年 12 月発売レコード「常盤湖慕情」/「萩の人」のジャケット（奥瀧隆志氏蔵）

「吉部音頭」

宇部市の北部に位置する吉部（きべ）は平成一六（二〇〇四）年に宇部市と合併するまで楠町であった。

楠町は吉部、万倉、船木の三つの産炭地で構成されていた。近代に入って産炭地となった宇部とは、歴史的にも文化的にも関係が深かい。

そんな吉部で、郷土の歌を作ろうと盛り上がり、地域の氏神であった吉部八幡宮の宮司・野村正臣氏が「吉部音頭」の歌詞を作詞したのが昭和五一（一九七六）年のことだ。作曲者の鈴木淳氏は防府天満宮の宮司の子なので、神社人脈により生まれた地域ソングだった。発表は同年一一月二日の吉部郷土資料館会館時である（『くすのき文化』第一六号）。

〽
吉部はよいとこ　おいでませ　おいでませ　おいでませ　おいでませ　荒滝山
（あらたきさん）　厚東川（ことうがわ）　花も咲いちょる　鳥も鳴く　よそに
や　ないどな　住みごこち　だあたい　ええとこ　吉部の里　ホントダ〱
ホントダ〱（『吉部八幡宮御鎮座七三〇年式年大祭記念　いもにえ』）

「吉部音頭」のレコードを所蔵する坂本まり子さん（昭和二三年生まれ）は、大の親元である吉部に、昭和五五年に千葉県から移り住んでいた。吉部に来てからは吉部八幡宮の秋祭りやホタル祭りなど、何かと地域の行事で婦人会の人たちと「吉部音頭」を踊っていたのだそうだ。レコードB面は「吉部音頭」のカラオケで実用的である。

坂本まり子さん
（2024 年 4 月）

クレオ（レコード）の「吉部音頭」（坂本まり子さん蔵）

「小野音頭」

「吉部音頭」の完成から二年が過ぎた昭和五三（一九七八）年五月に、小野湖を越えた宇部市小野の新民謡「小野音頭」がキングレコードから発売された。公募で当選した歌詞の作詞者は小野区岩川の藤山恵美子さん。これを山口市在住の詩人・和田健さんが補作して仕上げていた（昭和五三年三月三日付『宇部時報』）。宇部市には「南蛮音頭」があり、隣接地の吉部にも「吉部音頭」ができたので、自分たちも民謡が欲しいとの理由だった（昭和五三年一月二四日付『ウベニチ』）

ちなみに和田氏は八月一六日の小野小学校で盆踊り大会での「小野音頭」披露の挨拶で、「小野は私にとって祖先墳墓の地」と語っていた。また、その縁で小野小学校と中学校の校歌も作詞していたという（昭和五三年八月一七日付『宇部時報』）。

レコードA面のレーベルには作詞が「小野音頭作成実行委員会」と記されている。作曲は「吉部音頭」と同じ鈴木淳氏で、編曲は若松正司氏。唄は三橋美智也氏だ。

〽ハアー　小野はよいとこ　小野湖の里は　山のみどりに
つつじの化粧　たれを慕うて咲くのやら　水に映したあ
で姿　小野はよいとこ　花どころ　ソーレ　ソレソレ
花どころ

B面は「軽音楽　小野音頭」でキングオーケストラの演奏のみである。レコード番号はNCS1053。

上・キングレコード「小野音頭」（小野ふれあいセンター蔵）

下・レーベル部分（前同）

「万倉音頭」

今は宇部市の一部となっている旧楠木町（平成一六年に合併）の船木、吉部、万倉の主要三地域のなかで、最後まで地域ソング（新民謡）がなかったのが万倉である。「万倉音頭」が作られたのは平成一〇（一九九八）年のことだ。

〽まぐらすみたや　花咲く里は　つつじ咲くとこ　恋も咲く　茄子（なす）の花にも　福がなり　秋は黄金の　秋は黄金の　波がしら　波がしら

作詞者の伊藤勇さん（昭和二五年生まれ・西万倉浅地）によると、昭和五七（一九八二）年に楠町が若者センターを建てた際に二五〇〇本のツツジを植えたとのこと。その延長線上に平成元年に地域振興のために「ふれあいネットワーク」を立ち上げ、一〇周年記念に「万倉音頭」をつくったのだとか。当時を伊藤勇さんが振り返る。

「曲は宇部市の作曲家・山本達八さんが作るので、歌詞を募集することになって、応募したら一等で三万円の賞金を貰ました。CDとテープになって、唄は宇部市を中心に活躍されている頼田悠李さん、振り付けは榊原麻里（※）さんでした」

歌詞に出てくる「茄子」は「万倉なす」のことだ。

肉厚で大型、食感の良い「大成」という品種をブランド化したもので、商品化の最初は大正一〇（一九二一）年に厚狭郡役所の勧業課での技術指導にさかのぼる。最初は「長なす」を栽培。その後、昭和二九年に農家七名で共同出荷組合を作り、昭和四六年から「大成」品種に統一、名産の「万倉なす」となった（『万倉茄子のあゆみ』）。

（※）実際の振付は榊原龍麿（りゅうまろ）。麻里は弟子で振付の指導者だった（榊原麻紀さん談・二〇二四年四月）。

「万倉音頭」のテープを持つ作詞者の伊藤勇さん（2024年4月）

「宇部高等学校　創立60周年記念」

大正八（一九一九）年一一月に創立された宇部村立宇部中学校が、後の山口県立宇部高等学校である。開校は大正九年一一月であった（『炭山の王国　渡辺祐策とその時代』）。

したがって昭和五四（一九七九）年一一月が山口県立宇部高校の創立六〇周年となる。これを記念して東芝EMIでレコードが委託制作された。レーベルに以下の曲が見える。

A面、1・宇部高等学校校歌（作詞・古関吉雄／作曲・岡本敏明）。2・宇部高等学校賛歌（作詞・堀井昭二／作曲・綿部大二郎）。B面、1・山口県立宇部中学校校歌（作詞・風巻景次郎／作曲・細川碧）。2・山口県立宇部高等女学校校歌（作詞及び作曲者は不明）。

唄は全て宇部高等学校混成合唱団である。

なお、A面の「宇部高等学校賛歌」は六〇周年を記念して作られていた。また、B面の「宇部中学校」と「高等女学校」の校歌は、宇部高校の母体になった学校の校歌であった。

宇部高校では昭和五四年一一月一四日に体育館で記念行事が行われ、合唱部指導教官の和田邦江先生がピアノを弾き、合唱部が賛歌、宇部中学校、高等女学校の校歌を歌っていた（昭和五四年一一月一四日付『ウベニチ』）。

ここでは宇部高校校歌の一番歌詞だけ紹介しておこう。

〽さやかな朝の　光を浴びて　みどりの森に　目ざめる小鳥
命若く　思いは高く　飛べよ飛べよ　遥かな空に　うち振れ
翼　そよ風に

「山口県立宇部高等学校　創立６０周年記念」
（堀雅昭旧蔵・宇部市学びの森くすのき蔵）

「船木小唄」

旧山陽道沿いの船木では、昭和一〇（一九三五）年二月に船木町長になった中原治三郎（※）が作詞した「船木小唄」が芸者たちによって唄われていた。その歌詞を保存するカセットテープが楠民舞会副会長の三浦孝行さん（昭和二五年生まれ）の手元に残る。

〽かすみたなびく　堂城の　丘にほほえむ　初桜
藤と柳と楠の　中を行き来の　妖姿（あですがた）
船木　うれしや　弥生の花見

「私が子供の頃には、もう〈船木小唄〉は唄われていませんでした。〈船木盆唄〉などは盆踊りで唄っていましたが、〈船木小唄〉の方はお座敷用で、少し高級な感じだったようですが……」（三浦孝行さん談）

宿場町として栄えた船木には芸者の置屋や遊郭が多くあったが、芸者や芸妓が敗戦と共に消えたことで、「船木小唄」も姿を消していた。しかし芸者でもあった長嶺ヒサノさん（明治三九年生まれ）は歌詞や節回しを覚えており、踊りや歌謡の地域の指導者として細々と唄い継いでいたという。ヒサノさんは大木森住吉神社の裏で「ひさご」という料亭を経営していたので、地元では「ひさごのバーちゃん」と呼ばれていた。その姪である加嶋孝子さん（昭和二四年生まれ）は、「ヒサノさんが年をとり、〈船木小唄〉が忘れられることを心配した地域の人たちが協力して、カセットテープが作られた」、と話す。

「船木小唄」のテープケースには作詞・中原治三郎、作曲・ドンキー、編曲・山本達也、唄・松岡繁美とある。

作曲者のドンキーは、地元の唄好き今井治男。そもそも芸者たちが三味線に併せて祇園小唄の節で唄っていたが、それを別の曲にして収録したものだった。

編曲の山本達也は現在の山本達八氏。唄の松岡繁美は、音楽好きの地元の男性で、制作は㈲サウンド・プロモーター。これは山本達八氏が昭和六一年に山本立哉の名で宇部市南浜町で立ち上げた音響機器販売会社なので、制作時期もそれ以後となる。テープ制作に関わったメンバーは船木下田町の「千寿司」のマスターが傍らで開いていたカラオケ教室に集まる音楽仲間たちだったという。

一方で、このテープの音源をもとに、平成三一（二〇一九）年三月に制作された「船木小唄」のCDとDVDの収録に指導的な立場を果たしたのが楠民舞会会長の宮田洋子さん（昭和一五年生まれ）だった。

宇部市東岐波出身の宮田さんが船木に移住したのが昭和四六年ころという。その後、CDとDVDの唄を吹き込んだ頼田悠李さんから大正琴を習っていた関係で、地元の「船木小唄」の存在に興味を持ち、婦人会の活動を通じて復活運動に関わったという。船木町長の中原治三郎が戦前に作詞した歌詞は、船木芸者たちが途絶えた後で曲が新たに作り変えられて生き続けてきたのである。

〔※〕昭和三〇年に万倉村、吉部村と合併して楠町になるまで船木町であった。中原町長の任期は昭和一〇年二月～同一八年一一月（『わが町の歴史アルバム』）。

左・宮田洋子さんと三浦孝行さん

下・「船木小唄」のカセットテープ
（三浦孝行氏蔵・2024 年 4 月）

「にしきわ音頭」と都はるみ

「にしきわ音頭」は、日本コロムビアから昭和五四（一九七九）年六月にレコードとなって発売された。委託制作盤で、歌詞カード下の「ⓟ79・6」の文字によって、前出の制作時期がわかる。

昭和五三年一二月四日付の『宇部時報』が「〝ふるさと音頭〟第2弾　西岐波が歌詞募集」と題する記事を載せたのは、五月に第一弾として「小野音頭」のレコードから発売されていたからであった。「小野音頭」に負けない新民謡を作るという意気込みが感じられる。

こうして公募で全国から集まった一四〇編の歌詞の中で一等賞に輝いたのが愛知県東海市の会社員・滝田常晴氏だった。

これを石本美由起氏（コロムビア専属の作詞家）が補作し、作曲を市川昭介氏に、唄を歌手の都はるみ氏に依頼した形である（昭和五四年三月三〇日付『宇部時報』）。

〽　瀬戸の朝凪（あさなぎ）　黄金（こがね）の波に
　　みなと　床波　たから船
　　真鯛（まだい）　黒鯛（くろだい）　いきいきと
　　みんな仲間に　ひとおどり
　　　踊れ　西岐波　音頭で踊りゃ
　　　どんと　どどんと　盛りあがる
　　　宇部をささえる　こころ意気

地方の新民謡を売れっ子歌手の都はるみが唄った背景を、都をプロデュースしていたコロムビアのディレクター・中村一好（なかむらかずよし）氏が宇部市出身だったからと、宇部高校時代の中村の同級生から聞いたことがある。中村は東京大学文学部に進学したが学生運動に身を投じ、六〇年安保闘争で安田講堂屋上に立てこもり、警察車両からの放水を浴びていた。この話は中村のコロムビア時代の同僚・境弘邦氏がネット版音楽情報サイト「うたびと」での連載「あの日あの頃」の「〈中村一好の追っかけ〉流浪のサラリーマン時代　本社編⑨」で明かしている。

ともあれ、長州の反骨精神を身にまとった中村は、都はるみのファンとしてコロムビアに入社し、念願かなって都のプロデュースを担ったが、都との不倫関係のこじれから平成二〇（二〇〇八）年四月に東京港区の自宅マンションで自殺していた。そのとき内縁関係が二五年続いていたと『週刊新潮』（平成二〇年四月一七日号）が「〈都はるみ〉に25年連れ添った〈内縁の夫〉の自殺」と題して報じていた。二人の内縁関係が発覚したのは、「にしきわ音頭」を吹き込んで間もない昭和五八年からだった。

いずれにせよ、西岐波が郷土人脈を駆使して地域ソングを作ったのは、西岐波商興会創立二〇周年の節目でもあり、これを記念する意味もあった。

七月二一日と二二日の夏祭りでは床波駅前を歩行者天国にして、盛大に「にしきわ音頭区民総おどり」が開催されていた。

今となっては、歌姫であった都はるみを宇部に引き寄せた、郷土が生んだ音楽プロデューサー・中村一好氏を慰霊する新民謡に聞こえなくもない。

左・コロムビアレコード「にしきわ音頭」

下・歌詞カード（共に西岐波ふれあいセンター蔵）

中本義明さんに聞く

中本さんの自宅での稽古風景（昭和 60 年 12 月・中本氏蔵）

――中本さんのお生まれは何年ですか。

〈中本〉　昭和二三（一九四八）年に宇部市の中通りで生まれました。昭和町の通りの、もうひとつ海岸寄りの通りです。昔、「マルナカのパン屋」があった近くで（※1）、宇部曹達（ソーダ）の引き込み線の近くでした。東見初炭鉱のすぐ近くですヨ。

――お父さんも宇部のご出身ですか。

〈中本〉　父の中本一喜（かずき）は、熊本市の南にある松橋（まつばせ）というところで明治三八（一九〇五）年に生まれています。家は百姓だったと聞いております。祖父の卯三郎がドウカンもので一家で佐賀に移り住み、父は佐賀の炭鉱を渡り歩いたのでしょう。若いころに、熊本で鍛冶屋の丁稚奉公に出たと聞いたことがあります。そこでけんか別れして佐賀の炭鉱に入ったようです。それから父が宇部に来て……、ウーン……、最初は何をしたんでしょうかネエ。その辺りの話はあまり聞いてないのですが。東見初炭鉱も栄えていた時代でしたし、昔は人も多かったですからネエ。ですから宇部に入って、すぐに魚の行商をはじめたのかもしれません。ともかく戦時中は東見初炭鉱で働き、戦後まで炭鉱にいたようです。私は岬小学校に入りましたが、生まれたのは先ほど申した中通りの引き込み線の近くでした。そのころ父は魚屋をやっていたのだと思います。それからまた東見初炭鉱に入って、今のフジグランのところから、海側に進んだ突き当りの奥に炭住がありましてネ。私たち一家は（中通りから）、そこ

27、8歳くらいの中本義明さん
（中本氏蔵）

「東見初炭鉱斜坑口」
（「東見初炭鉱絵葉書」）

に引っ越したんです。岬小学校に入った時の家は炭住でした。それからまた父が炭鉱をやめて、小学校二年生から再び中通りに戻って、「マルナカのパン屋」のすぐ隣の借家で過ごしました。両親はそこで魚の行商をしていましたが、父が赤痢と肺炎になって余り働けなくなり、私は小学校の時から浜に買い出しに行ってました。私は父が四二歳のときに生まれた子です。

「なかもとや」の前に立つ中本さん
（平成 12 年 9 月）

ー　中学校はどこですか。

〈中本〉　神原中学校です。ですが、父が病弱なので、学校が終わったら魚屋の手伝いでした。

ー　東新川駅前の「なかもとや」さんが、お店だったのですよね。

〈中本〉　あれは平成一二（二〇〇〇）年に建て替えた店です。中学から東新川に移って、当時、三ツ輪タクシーの社宅があった付近で親が魚店をはじめました。すぐに父が癌で入退院をしたので母も付き添いで病院通いでした。その間、私一人で店をしていました。一九歳の時に父が亡くなり、今の駅通りでお年寄りのおばあちゃん二人が魚店をされておられ、一人が体調を崩されて辞められたので、私は二〇歳のころから一緒に営むことにしました。しばらくしてこの方も倒れられたので母と店を続け、三年くらいして店を譲ってもらいました。それから七年くらいして母も退いたので、人を雇い。平成三〇年七月まで続けました。

ー　民謡では山口県民謡連盟の元常任理事という肩書をお持ちですが、三味線もご指導なさっておられたようで……。民謡との出会いはいつからですか。

〈中本〉　昭和四六（一九七一）年に久賀（周防大島）出身の岩井峰童という民謡の師匠が宇部に来られたの

です。目が見えないので、岬で鍼灸師をされておられました。その岩井先生が峰童会という民謡の会を立ち上げられて（※2）、私はしばらくして……、ソーですね、確か一〇月か一一月頃だったと思いますが、魚屋の友人たちと一緒に入門しました。たしか一〇番弟子だったはずです。

―三味線との出会いも峰童会からでしょうか。

〈中本〉　そうです。先輩に三味線を教えてもらって弾けるようになりました。ここに宇部市芸術祭のプログラムがあります。宇部市文化会館落成記念で、昭和五四（一九七九）年一一月九日に、完成したばかりの文化会館で民謡を唄ったときのものです。これを見ますと、「雪峰会宇部市部峰童会」で出てますネエ。岩手県の「外山節」を唄っております。そうそう、この時は「中本峰明」の名でしたネ。翌年（昭和五五年）一〇月五日の宇部市芸術祭も峰童会で出おります。そのときは三味線を弾いております。しかし翌年の昭和五六年には退会しまして、八月には私が代表となって「日本民謡

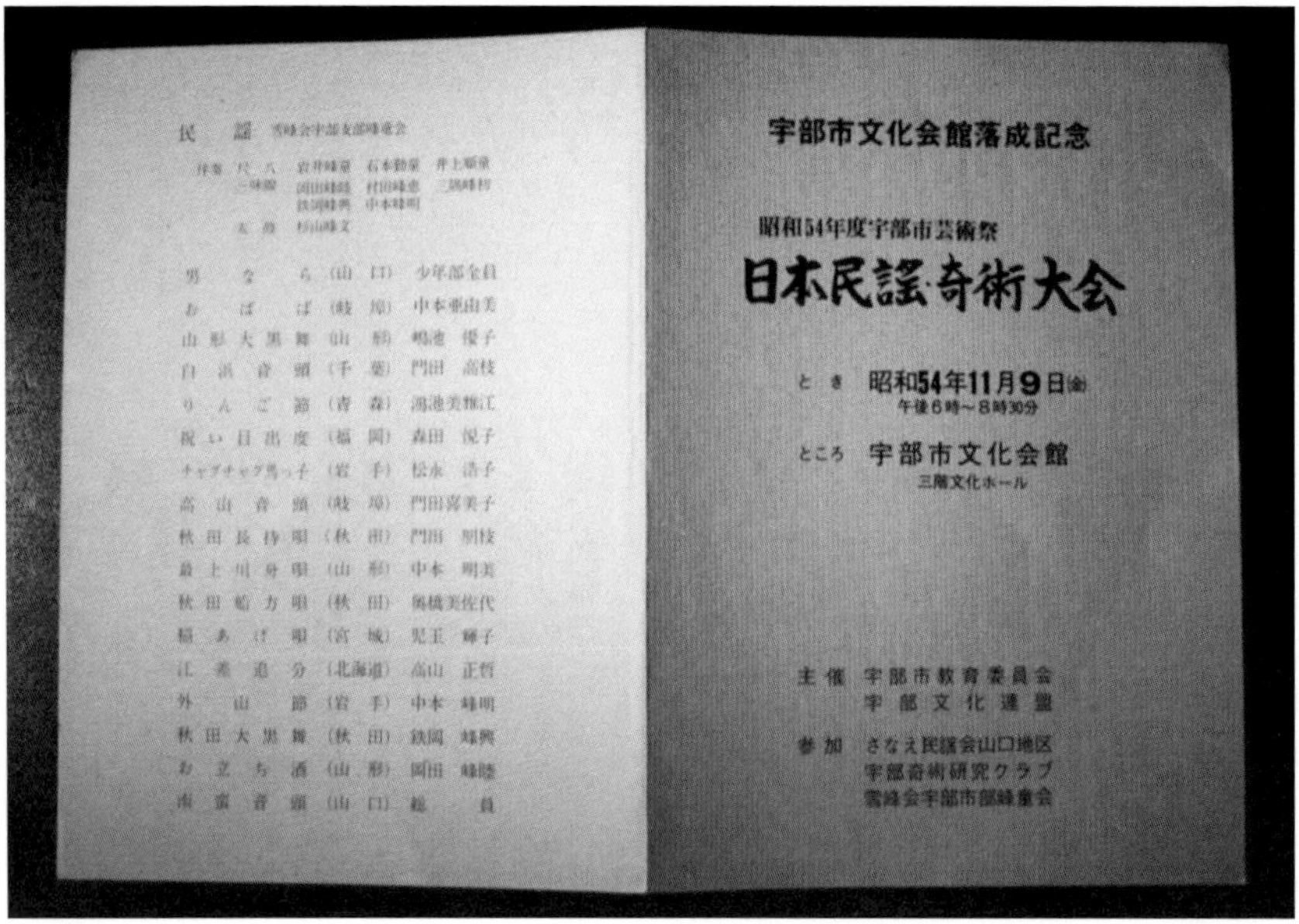

昭和 54 年度宇部市芸術祭「日本民謡・奇術大会」プログラム（中本義明氏蔵）

研究会宇部」を立ち上げたのです。ここに、そのときの新聞記事があります。

【『宇部時報』記事】・昭和五六年一〇月二二日付
「この人　日本民謡研究会宇部会主の中本義明」

地方の民謡発掘に情熱を燃やす三十三歳の魚屋さん。二十三歳のころ、友人に誘われて市内の民謡教室に入門したのが病みつきで、以来十年。生来の懲り性で、週一回の練習を積み重ねて五年で師範の免許皆伝。この八月に独立して、日本民謡研究会宇部会を設立会主に。今、広島県佐伯郡能美島から、江戸末期に床波に伝わったといわれる「道中唄」と「床波樽入れ祝唄」を調べている。これは結婚式のある家に地元の若衆が祝いの酒樽を下げて行く途中に唄う「道中唄」と、その家の庭で酒樽を渡すときの「祝唄」を内容としたもの。すでにこの様な風習は床波でもすっかり陰をひそめ、歌詞を知っている人は七十八十歳の老人に限られているという。もちろん、多くの市民は耳にするのも初めてというのも不思議はない。「有名民謡もあるが、もっと郷土の民謡を知って欲しい」と願う。民謡発掘を初めた動機は「先人の歴史、文化、土の臭いをハダで感じられるから」ということだが日曜日ともなれば、民謡のルーツを求めてよく県外に出かけるなど、おのずと商売よりも民謡に熱がこもることもあるとか。十一月三日の宇部まつりでは、同会員十五人が参加して「道中唄」と「床波樽入れ祝唄」が一年ぶりに市民に披露される。まだ独身だが「お嫁さんの予定は」と水を向けると、ハッハハと笑った顔の優しい目が印象的だった。

宇部市恩田町二丁目八－三五在住

――「日本民謡研究会宇部」は民謡を歌う会でしょうか。

〈中本〉　ただ、歌うのでないのです。郷土の民謡を発掘するために作った会だったので……。峰童会では、一般的な民謡を唄うのですが、そのころはもう消えつつあった地元の民謡を残さないといけないと思いましてネ。桜町（現在の中央町三丁目）で呑屋をやっていた米香（よねか）さんが、「宇部小唄」を歌ってくれて、宇部で作られた民謡があったのをそのとき知って驚きました。

――米香さんは元芸妓の方ですね。昭和初期に宇部で作られた民謡を支えたひとりということでしょうか。

〈中本〉　そうです。宇部市には戦前まで二つの券番がありましてネ。券番というのは芸妓さんを斡旋する場所で、東券番が老松町。堀さんも『炭山の王国　渡辺祐策とその時代』で紹介されていた老松町遊郭です。西券番は、桜町ですネ。今は中央町三丁目というのでしょうか。大正二（一九一三）年生まれの米香さんは、その西券番の売れっ子だったようでした。三味線も自分で弾いて「宇部小唄」を歌ってもらいました。これを昭和五八（一九八三）年一二月にテープに収録しています。

―米香さんとは、どうやってお知り合いになられたのですか。

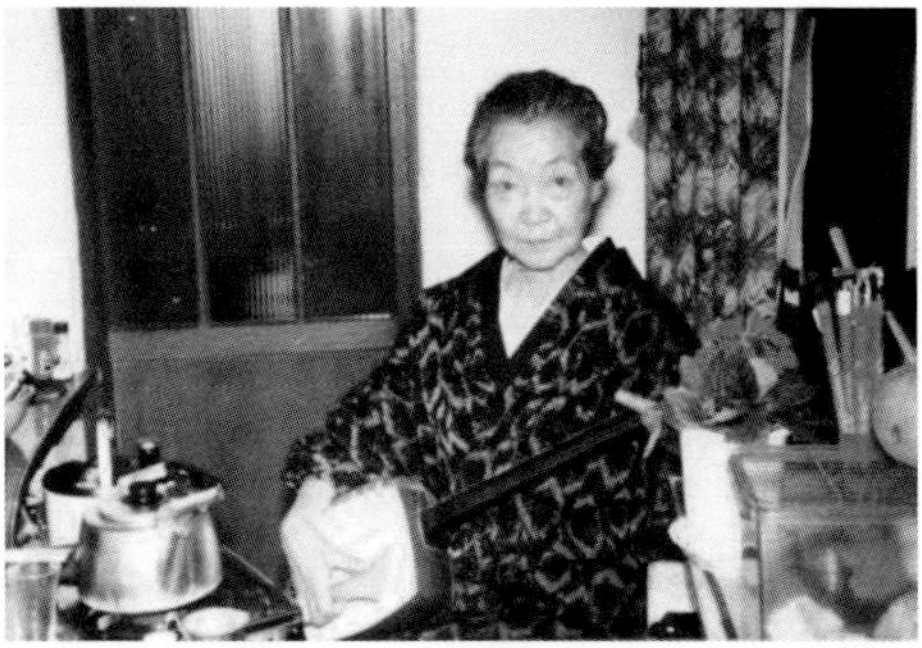

中央町３丁目の「米香」で三味線を弾く米香さん（昭和 58 年・中本義明氏蔵）

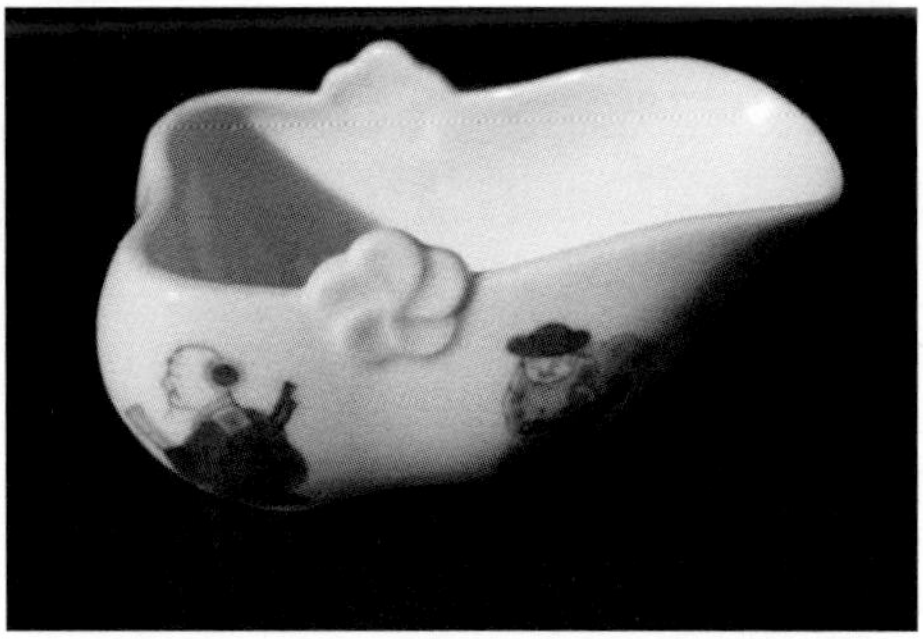

米香さんが渡邊祐策から貰った水差し（中本義明氏蔵）

〈中本〉　たまたま従兄弟が米香さんの店に呑みに行っていたんですヨ。それで渡邊祐策さんと俵田明さんと一緒に写った写真なども見せてもらったとか……、まあ、そんな話を聞くうちに、昔、宇部で作られた民謡を、東西の券番の芸妓やら娼妓やらが宣伝していたことも知ったのです。それで私も米香さんに会いに行きました。本名は北富マサエという名で、昔話を聞くうちに、私も地元ゆかりの民謡にますます興味を持ったのです。

―そうでしたか。それで「日本民謡研究会宇部」を立ち上げられて、昭和五八年に、もう一度、米香さんに会いに行かれたと……。この写真は、そのとき撮られたものでしょうか。

〈中本〉　そうでしょうね。民謡研究のために、何度か昔のお話を聞きに行きましたから。そのとき米香さんが、「若いころに渡邊祐策さんから貰った水差しです」といって、私に下さったのが、これです。

―ホウ、裏に「柿右衛門」の銘が入ってますね。コレ、有田焼ですよ。こんな水差しを渡邊翁から貰っていたなんて、スゴイですね。

〈中本〉　若いころは美人で有名だったようです。俵田明さんの御贔屓だったとも聞きました。一八歳ころに渡邊さんから水差しを貰われたみたいな話だったので、ちょうど昭和五年ころではないでしょうか。

―野口雨情が補作した「南蛮音頭」のレコードがビクターから昭和五年に発売されていましたね。アレは裏面が「宇部小唄」なので、そのころでしょうか。

〈中本〉　で、しょうかネェー。若いころから「宇部小唄」を歌っていたと言われてましたから。

―中本さんが「日本民謡研究会宇部」を立ち上げられて、公式に発掘を手がけられた最初の民謡は何だったのですか。

第一回　日本民謡研究会宇部温習会。前列中央が中本さん
（昭和 57 年 5 月・西岐波公民館にて）

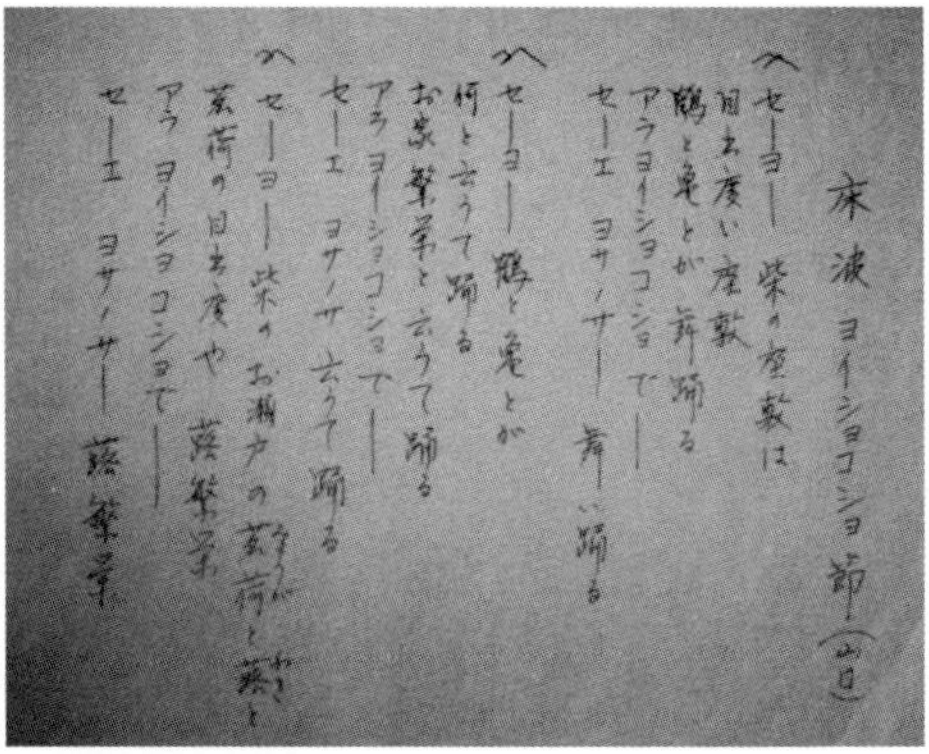

床波ヨイショコショ節　（採録した歌詞）

〈中本〉「錦波ヨイショコショ節」です。ヨイショコショ節というのは山口県のアチコチにあって、萩や周防大島にもあります（※3）。宇部では西岐波に残っていたヨイショコショ節だったので、最初は「床波」とか「西岐波」でしたが、後に縁起が良い「錦波」の漢字を当てました。ヨイショコショ節というのは山口県でも場所によっていろいろ違うんですヨ。民謡は、地域とか、歌う人とか、時代によっても変わってくるものなのです。

―どこかジャズっぽい話ですねえ。民衆が主体となっ

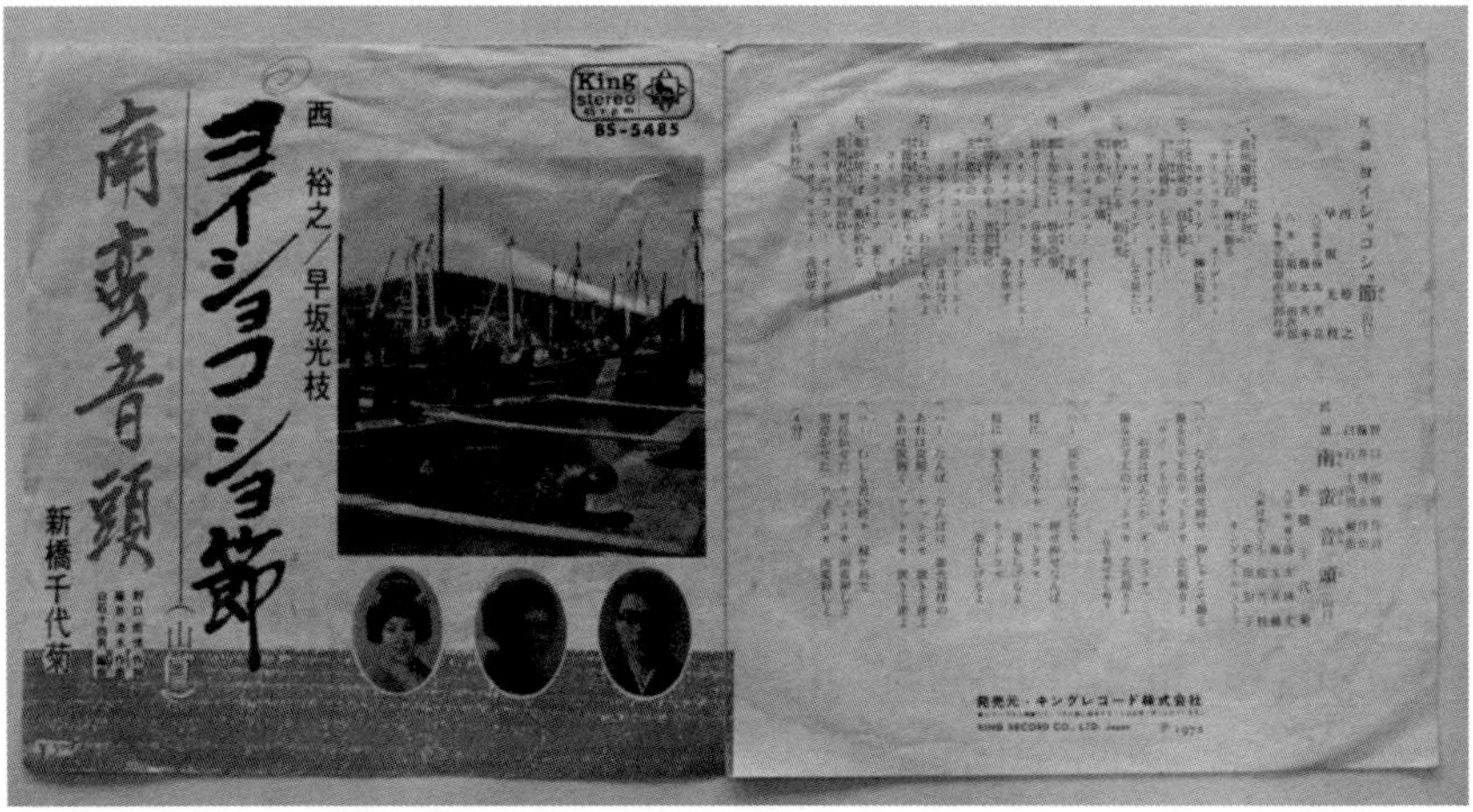

昭和 47（1972）年にキングレコードから発売された「ヨイショコショ節／南蛮音頭」のジャケット（奥瀧隆志氏蔵）。歌詞は以下のように床波ヨイショコショ節とは全く違う。
〽　長州殿様　力が強い　三十六万石　棒に振る　ヨイショコショ　オーデーエー
　　ヨサノサーアー　棒に振る
〽　三千世界の　烏を殺し　主と朝寝が　して見たい　ヨイショコショ　オーデーエー
　　ヨサノサーアー　して見たい

て、その場のコンディションで楽譜にとらわれずに演奏するインプロビゼーションというか、即興みたいな要素があるわけですね。

〈中本〉　実際は、そこまでじゃないんですが、津軽三味線なんか、よくジャズみたいっていわれますヨネ。ただ、民謡の幅は、実際はそこまでではないんです。しかし、いろんな形が生まれて、その中から良いものが残るという意味では、一つ一つみな違うんです。

――つぎに発掘された民謡は何ですか。

〈中本〉　「床波樽入（とこなみたるい）れ祝唄（いわいうた）」の復元です。そのころ床波（西岐波）の新浦後に佐々木勇治さんという漁師のオジイサンさんがおられましてね。その人に「床波樽入れ祝唄」を教えてもらいました。これとセットで唄われていたのが「道中上下節」です。酒樽を運ぶとき、道を歩きながら唄う民謡で、江戸時代の参勤交代の様子を取り入れているように思いました。床波の住吉神社（荒人神社）の「道中上下節」を唄いながら練り歩いているこの写真は、昭和六一（一九八六）年五月に写したものです。翌、昭和六二年七月には、伝承保存用のために自治体がビデオ録画しました〔※4〕。これは嫁入りのときや、船を新造したり、修理して再び海

佐々木勇治さん〔左端〕の手ほどきを受ける中本義明さん〔右端〕（昭和 56 年 10 月）

床波「住吉神社」の祭りにおける「道中上下節」（昭和 61 年 5 月）

昭和 56 年 11 月　能見島高田を取材
（中本氏撮影）

昭和 56 年 11 月　江田島町中郷を取材
（中本氏撮影）

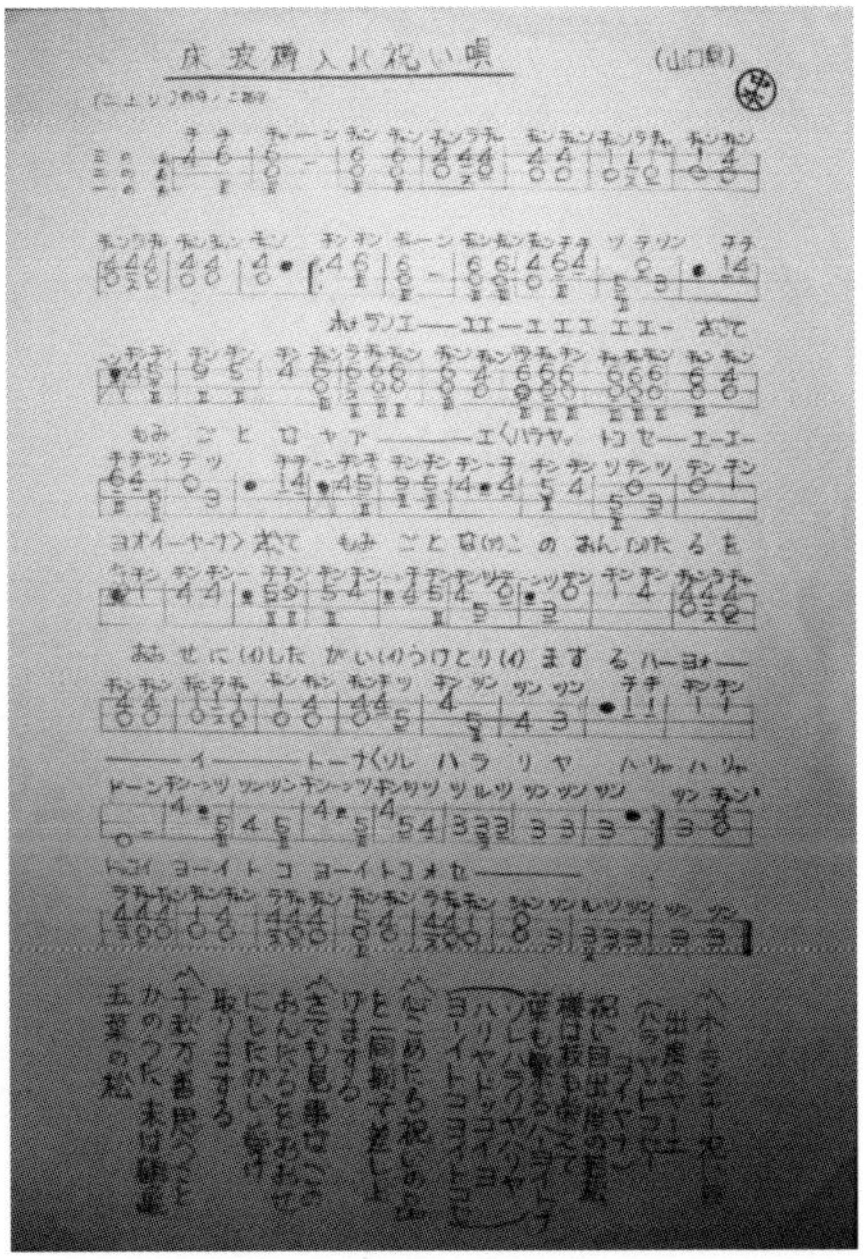

床波樽入れ祝唄（採譜した歌詞）

に戻すときなどに地元の人たちが唄っていたお祝いの唄です。江戸時代から明治にかけて能美島（広島県江田島市）から伝わったようで、床波では廃れてはじめていたので、佐々木さんに教えてもらったり、広島県まで調べに行きました。民謡の古き迹（あと）を求めて……。佐々木さんには、酒樽の担ぎ方やお囃子の入れ方、歩き方なども教えてもらって復元しまして、その年の宇部まつり（昭和五六年一一月の市制六〇周年・第三〇回宇部まつり）で発表しました。

【『宇部時報』記事】・昭和五七年九月九日付
「羽ばたくサークル　日本民謡研究会宇部　口説のルーツ求めて」

日本の民謡、とりわけ郷土に眠っている民謡を発掘し、普及させようと昨年八月に発足した。会員は十七歳の高校生から六十代の主婦まで二十人ばかりだが、日の目を見ず次第に忘れ去られようとしている〝ふるさと〟の唄を守ろうと、みんな情熱に燃えている。昨年十一月三日の市制六十周年記念宇部まつりでは、くも助姿で樽を担ぎ「道中上下節」と「床波樽入れ祝唄」を唄いながら市中パレードを行った。これらの唄は、郷土床波に唄い継がれているが現在では知る人も少ない。これは江戸末期から明治にかけて広島県佐伯郡能見島から、床波に伝わったもので、もともとは破損した船を引き上げるときに唄われていたものが、婚礼などの祝い唄に変わったらしい。形式は広島地方で神社に俵などを奉納していた形が用いられ、くも助たちが唄っていた「道中唄」が床波では「道中上下節」となり酒樽を担いで婚家までの道中この唄が唄われ、さらに婚家について庭先で、祝儀として酒樽を差し出しながら唄われるのが「樽入れ祝唄」だ。現在では、この唄が唄える人は地元床波でも五、六人のお年寄りしかいないということから、わたしたちは永久保存乃至は普及の意味で、中本義明会主が譜面にとり、太鼓、三味線、尺八などの伴奏をつけてまとめあげたものを市民の前で披露したわけだ。宇部まつりの参加にあたっては、発祥地の広島県はもとより、地元床波の古老に樽の担ぎ方をはじめ歩き方、樽の献上の仕方などいろいろ勉強させてもらった。小道具の準備、くも助の恰好についても、少人数だったが、それぞれ分担し、会員以外の協力もあり無事終わったときの感動はひとしおだった。昨年暮れには「錦波ヨイショコショ節」をまとめ、この春に発表した。現在は十一月に予定している発表会のために「盆踊り唄」を拾集（ママ）している。また、近く民謡研修として、床波の盆踊りで唄われている「イロハ口説き」のルーツを求めて宮崎に行く計画もある。この一月には、山口市に嘉川支部も結成された。会の歴史は浅いが、それだけに会員の意気込みもあつく、とりわけ中本会主は民謡のルーツを求めて休日には県外にも出かけ稽古後も民

宇部市制60周年の「宇部まつり」で「床波樽入れ祝唄」を発表する〔ダイエー前〕（昭和56年11月）

渡邉翁記念会館前で記念撮影。前列左から２人目が中本さん

謡の背景にある歴史文化、土の匂いなどの話になると時間のたつのも忘れるくらいの熱心さだ。稽古は厳しいが、その他は和気あいあいの仲間だ。わたしたちは誰でも門戸を開いている。民謡研究に興味のある方は気軽にのぞいてみて下さい。

（事務局　谷原淑子）

―　他に発掘された民謡には、どんなものがありますか。

〈中本〉　宇部市の南部、恩田や岬や見初、新川あたりも昔はやっていたようですが、「ジャンギリ盆踊り唄」というのがありまして、萩や阿知須に残る白河踊りと同じ系統ものじゃないかと思います。ただ、宇部のは少し出来が悪いですネ。雑というか…、民謡というより、ただ威勢だけが良いだけというのでしょうかネエ。

―　白河踊りは戊辰戦争に参戦した長州藩兵が、戦死者たちを弔う現地の盆踊りに参加して長州に持ち帰ったといわれている民謡ですね。福島県南部の白河で、会津藩兵と長州藩兵が戦った後の逸話で、中原正男さんが『白河踊り』で詳しく研究されています。

〈中本〉　実は、あの本には宇部の「ジャンギリ盆踊り唄」は入っていないのですヨ。しかし昭和五七年三月に山口県教育委員会が発行した『山口県の民謡』に美祢市の「ジャンギリ踊り」として載ってます。これは宇部市のと同じです。

宇部の「ジャンギリ盆踊り唄」の歌詞の最初に「主はジャン切」と出てくるんですね。

明治維新のとき、男は髷（マゲ）を切って「散切り頭」になった、アレですヨ、アレ。

だからこの歌は、戊辰戦争後の唄だと思うんです。

昔は窒素工場（宇部窒素工業）の盆踊りでも、唄っていたと聞いたことがあります。歌詞については、昭和五七（一九八二）年八月に収録しています。

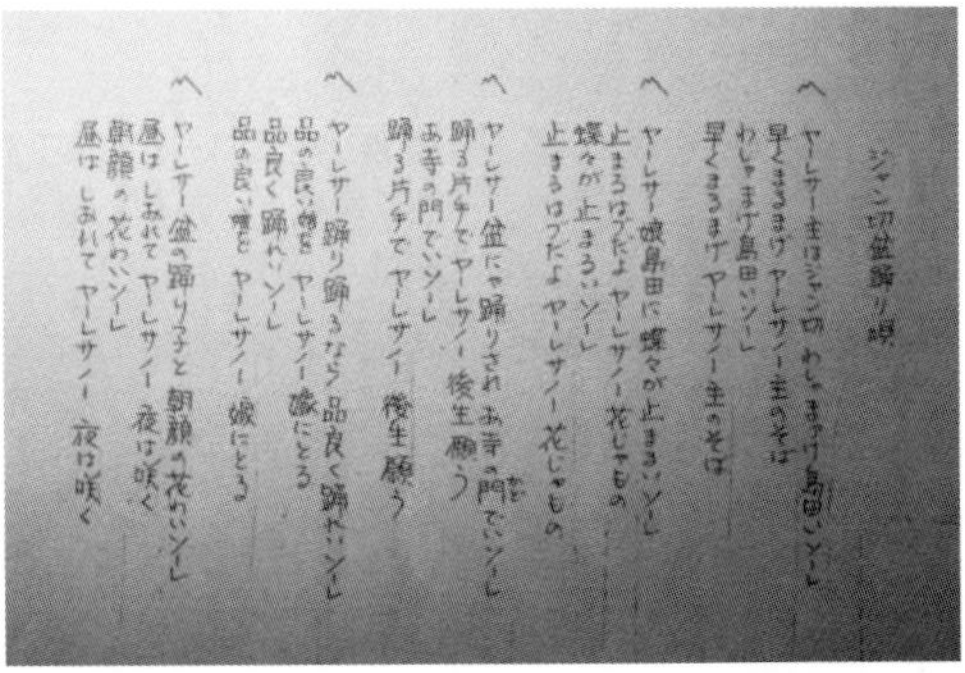

ジャン切盆踊り唄

ヤーレサー主はジャン切 わしゃまげ島田いソーレ
早くまるまげ ヤーレサノー主のそば
わしゃまげ島田いソーレ
早くまるまげ ヤーレサノー主のそば

ヤーレサー娘島田に蝶々が止まるいソーレ
止まるはづだよ ヤーレサノー花じゃもの
蝶々が止まるいソーレ
止まるはづだよ ヤーレサノー花じゃもの

ヤーレサー盆にゃ踊りされお寺の門《かど》でいソーレ
踊る片手で ヤーレサノー後生願う
お寺の門でいソーレ
踊る片手で ヤーレサノー後生願う

ヤーレサー踊り踊るなら品良く踊れいソーレ
品の良い娘を ヤーレサノー嫁にとる
品良く踊れいソーレ
品の良い娘を ヤーレサノー嫁にとる

ヤーレサー盆の踊り子と朝顔の花わいソーレ
昼はしおれて ヤーレサノー夜は咲く
朝顔の花わいソーレ
昼はしおれて ヤーレサノー夜は咲く

ジャン切盆踊り唄　（採譜した歌詞）

――藤山でも収録されていますね。「藤山土搗き唄」とか。
〈中本〉　あれは魚屋をしていた藤山の村谷シズコさんから教えてもらったものですよ。

【『宇部時報』記事】・昭和六〇年一二月五日付
「38歳の中本さんと会員25人　郷土民謡発掘に情熱　6曲目『藤山土搗き唄』」

すたれゆく郷土の民謡を発掘して後世に唄い継ごうという民謡グループ、日本民謡研究会宇部(中本義昭会主、二十五人)が藤山地区の民謡「藤山土搗(どづ)き唄」を掘り出し、八日恩田市民センターで開く発表会で披露する。地元の古老からテープに収録してマスターし、三味線、太鼓といった鳴り物も加えるといった地道な活動で五十六年の「床波樽入れ祝い唄」の発表以来これで六曲目。会主の中本さんは三十八歳の若さだが、「いずれは当時の生活を折り込んだ民謡劇もやってみたい」と家業の魚屋を営みながらさらに意欲を燃やしている。中本さんは「飲んだときに一つくらい唄をと思っていたときに友人から誘われたことがきっかけ」で民謡を習い始めたのが二十五歳。ふらりと始めた民謡だが、もち前の凝り性で三味線、尺八、太鼓といった鳴り物も手がけるようになり、五年で師範の免許皆伝。「有名な民謡もあるが、もっと郷土の民謡と知ってもらいたい」との一念で独立して五十六年八月に日本民謡研究会宇部

村谷シズコさん（魚市場にて・昭和 57 年 11 月・中本氏撮影）

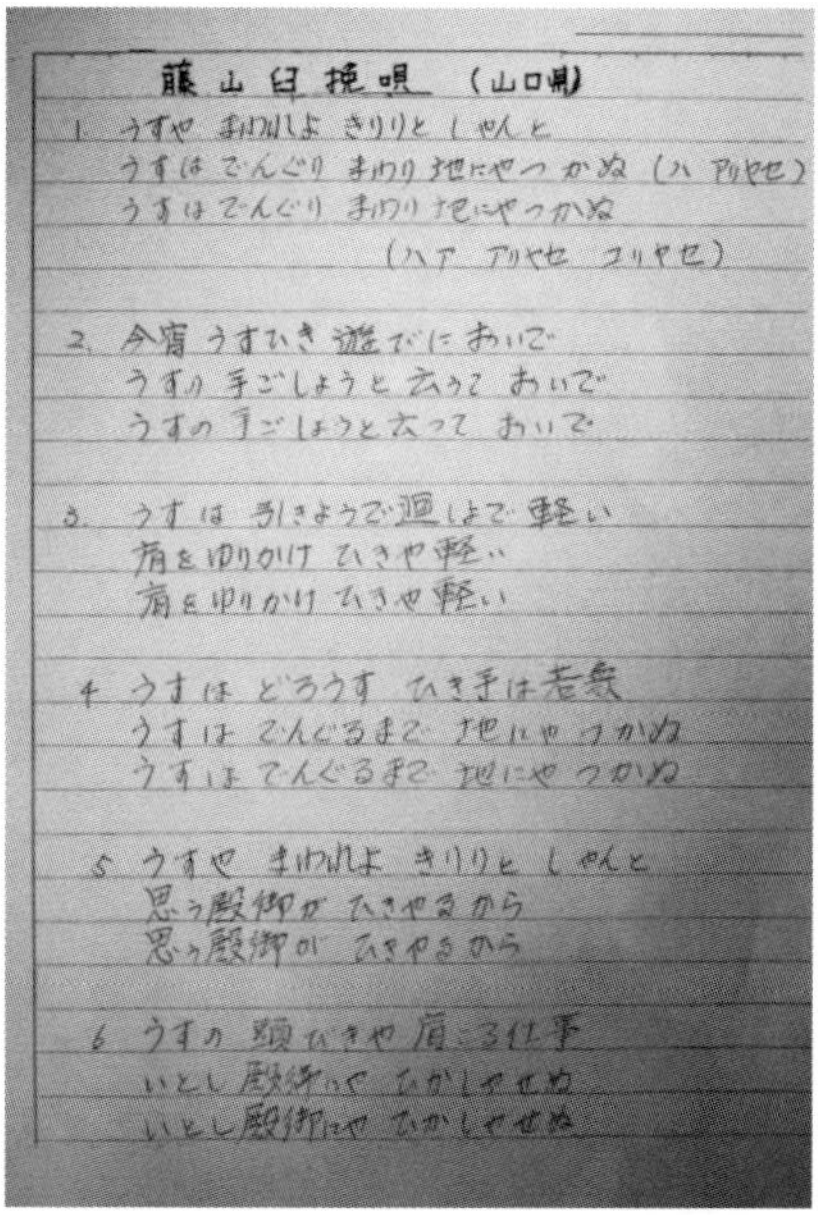

藤山臼挽唄　(山口県)

1 うすや まわれよ きりりと しゃんと
うすは でんぐり まわり 地にゃつかぬ (ハ アリャセ)
うすは でんぐり まわり 地にゃつかぬ
(ハア アリャセ コリャセ)

2 今宵 うすひき 遊びにおいで
うすの手ごしょうと云うて おいで
うすの手ごしょうと云って おいで

3 うすは 引きようで 廻しで 軽い
肩をゆりかけ ひきゃ軽い
肩をゆりかけ ひきゃ軽い

4 うすは どろうす ひき手は若衆
うすは でんぐるまで 地にゃ つかぬ
うすは でんぐるまで 地にゃ つかぬ

5 うすや まわれよ きりりと しゃんと
思う殿御が ひきやるから
思う殿御が ひきやるから

6 うすの 頭ひきゃ 肩こる仕事
いとし殿御にゃ ひかしゃせぬ
いとし殿御にゃ ひかしゃせぬ

「藤山臼挽唄」（採譜した歌詞）

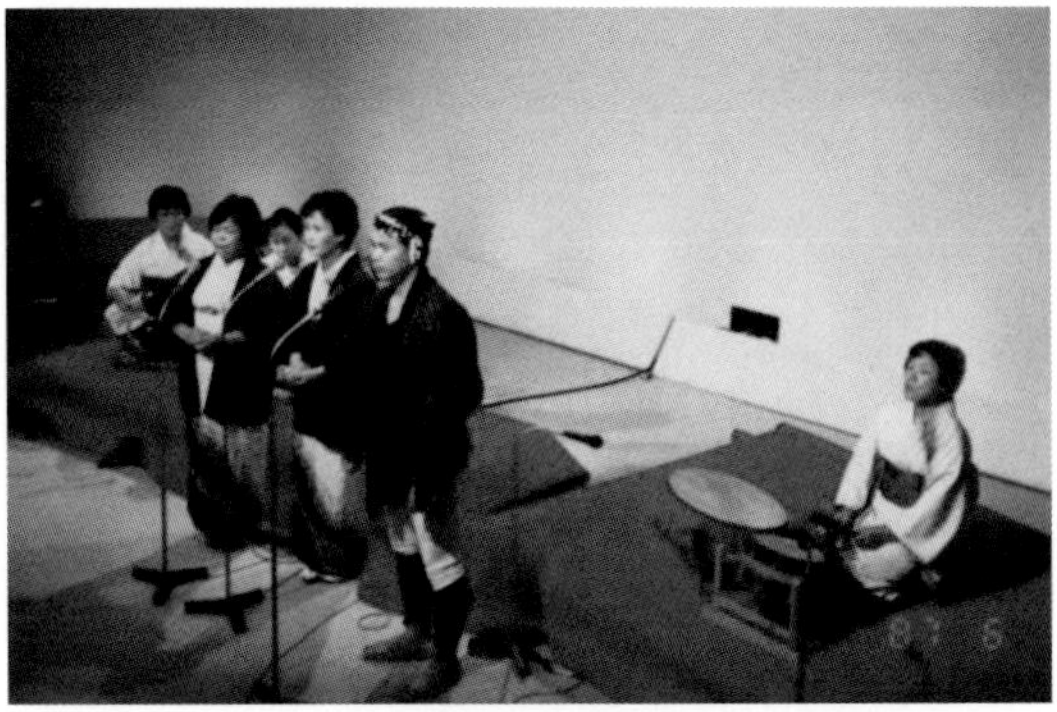

NHK 山口での収録風景。右端で唄うのが中本さん
（昭和 62 年 6 月）

を発足させた。発掘活動だけをするつもりだったがすでにお弟子さんがいたため民謡教室も開いたが、若さとバイタリティーがあるだけに取材活動はもっぱら中本さんがあたった。今回発表する「藤山土搗き唄」は宇部市藤山区上条の村谷シズコさん（六六）から口伝された民謡で、五十六年の「床波樽入れ祝い唄」、五十七年「床波ヨイショコショ節」、五十八年「ジャンギリ踊り唄」「宇部小唄」、五十九年「南蛮唄」に次いで六曲目。取材時は文句と節回しだけで鳴り物がないため、鳴り物は中本さんがアレンジして発表。五十六年の市制六十周年記念宇部まつりに来宇した豪州ニューカッスル市のカミングス前市長に披露したこともある。「藤山土搗き唄」は、〽土方死なすにゃヨー 刃物はいらぬヨー 雨のマータ 三粒もアノ 降ればよいよ（ハアー ドスコイ ドスコイ） 姉は十八でヨー 妹は二十ヨー どこでマータ 話がアノ ちごたやらヨーといった文句で陽気な唄い出し。中本さんはすでに来年発表の準備にも取りかかっているが「いずれは当時の生活を折り込んだ民謡劇もやってみたい」と意欲的。会員は三十代から六十代まで二十五人で、当日は民謡の富輪会会主石原富江さんや舞踊の麻鼓の会会主榊原麻鼓さんの特別出演もあり、郷土の唄を中心に日頃の練習成果を披露する。「聞き苦しいところ、見苦しいところがあろうとは思いますがこの一年間一生懸命けい古してきました」と話している。

ー 昭和六二年度のＮＨＫ山口の自主製作番組〈やまぐちふるさとの唄〉にもご出演されて、「床波樽入れ祝唄」を収録されておられますね。昭和六三（一九八八）年にＮＨＫ山口が発行した『やまぐちふるさとの唄』に、昭和六二年七月に放送された記録があります。そこには、〈唄〉中本義昭 〈おはやし〉佐藤美代子 田中美喜笑 〈太鼓〉三島千代 〈三味線〉有吉悦子 藤島厚子と書いてあります。中本さんの名前が「義明」ではなく「義昭」になっていますが、誤植でしょうか。

〈中本〉 いえ、民謡のときは「中本義昭」で通していたので間違いではありません。実はこの収録では嫁が歌う予定だったのですが、子供が生まれるので、急遽私が唄いました。ＮＨＫの〈やまぐちふるさとの唄〉では、五月に宇部の南蛮音頭も放送されています。こちらは藤井美代子さんが唄われています。

――中本さんは、平成三（一九九一）年からは山口県民謡連盟の常任理事もされておられます。これはどういう経緯で関わられたのですか。

〈中本〉　発掘した民謡を全国に広めたかったのです。会に入ったら常任理事を仰せつかりましたが、みんなお師匠さんでした。ここでは「日本民謡研究会宇部」の会員さんたちが、これまで発掘した民謡を発表してくれました。米香さんに教えてもらった「宇部小唄」もやりましたヨ。それから藤山の村谷シズコさんから教えてもらった「臼挽（うすひ）唄」や、『錦波（西岐波）ヨイショコショ節』、それから先ほどの「ジャンギリ盆踊り唄」も発表しました。もちろん「床波樽入れ祝唄」（松前音頭）もやったし、遠くは日置（長門市日置町）まで酒造りの歌を採取に行きましたしネ。杜氏たちが歌っていた「酛摺唄（もとすりうた）」も復元して発表しました。『宇部小唄』も平成二年七月に二日間、大阪・桜橋サンケイホールで行われた西日本最大の「産経民謡大賞」で「桜町節」の曲名で出場、発表しました。

――昭和六二（一九八七）年一二月一四日付の『朝日新聞（山口版）』の「酛摺唄掘り起こす」という記事にも、一三日に西岐波公民館で中本さんの「日本民謡研究会宇部」のメンバーが発表したと載っております。大津郡三隅町や阿武郡川上村で昭和三〇年代前半まで歌われていた酒造りの民謡を復元して、尺八にあわせて中本さんが唄ったと書いてあります。『ウベニチ』には一二月一五日に「にぎやかに発表会　注目集めた〈酛摺唄〉」と題する記事が見えます。こちらは西岐波公民館での、日本民謡研究会宇部の第七回民謡発表会だったのですね。酒蔵で働いていた日置町坂本の安永定輔氏（当時七七歳）から九月に習い、練習をして復元したとも書いてあります。河島豊晴さんが尺八伴奏をして、福地節子さんが「宇部小唄」、土石キヨ子さんが「藤山土搗唄」、田中美喜笑さんが座

敷用の「早間南蛮唄」を披露されていたのですね。そして全員合唱の「床波ヨイショコショ節」でフィナーレを締めくくったとあります。

〈中本〉　そうでしたね。そのころはだいぶ手を広げていましたネー。魚屋もやらないといけないので、まあ、大変でしたよ。

——ところで平成一一（一九九九）年に「日本民謡研究会宇部」を解散され、翌年（平成一二年）には山口県民謡連盟の常任理事も辞めておられます。これは、どうしてですか。

〈中本〉　ですから、今申したように、魚屋を休むわけにはいかなかったですしネエ……。民謡の発掘や発表も、そのころ、かなり無理をしてやっていたのですヨ。それで、もう限界と思いましてネエ。ここで魚屋一本に戻ったのです。そのとき六〇歳になったら、魚屋をやめて山口県民謡連盟に戻ろうと考えていたのです。しかし人を雇っていたので、その人の生活もありますし、簡単に店を閉めるわけにもいかないんですヨ。それで七〇歳になる平成三〇（二〇一八）年に、ようやく店を閉めることができたのです。それで今度は郷土に恩返しができればと思って、南蛮音頭保存会に入ったのですが、指導者はいないし、民謡もわかってない、資料もない。それで後進を育てようと思いましてネ。それで南蛮音頭の研究などを始めたのです。

——そうだったのですか。確か宇部市立図書館ではじめてお会いしたとき、私が書いたものについて質問をされましたよね。それから中本さんがやろうとしていたことをお聞きして、ジャー、本にでもまとめようかということになって、その結果が、私の手元に届いた膨大な調査報告書（二〇二三年三月に資料として中本氏より貰った新聞の切り抜き等をまとめたスクラップファイル）でした。これが今回の本の主軸となる基礎資料になったわけです。

〈中本〉　私は本など書いたこともありませんでしたので、こうしてきちんとまとめてくださってありがとうございました。

―
詳しくお話をお伺いしたり、追加取材をするうちに、中本さんの人生が郷土の民謡と共にあったことが、よくわかりました。とても貴重なお仕事をされてきたのだと、改めて感じております。過去形ではなく、令和四（二〇二二）年一〇月には山口市で開かれた「日本の祭り in やまぐち 2022」にも参加されておられますし、令和五（二〇二三年）六月にはキングレコードから発売されたCD『ふるさとの民踊　第63集』の南蛮音頭の収録で東京まで指導（監修）に行かれたりと、今なお活躍されておられます。そういえば、このCDで、はじめて野口雨情が補作する前の原形歌詞を手がけた金子千壽夫を「作詞」者と明記されたのも、中本さんらしいなと思いました。そこに中本さんが、こだわりを持ちつづけ、無名の人たちにこそ光を当てたいという思いで、金子千壽夫さんの名前をCDに明記されたことに、大衆芸能としての民謡の真髄を感じました。

〈中本〉　いえ、私は研究の結果、金子千壽夫が南蛮音頭の作詞者であることを知り、明記しただけです。一般には野口雨情が作詞者で通っていましたから。録音時に監修したのは、「唄い出しは強拍部から出ること」とか、「〈ハアー〉の中で飾りを入れること」とか……、

東京都文京区のキング関口台スタジオ
（中本氏撮影）

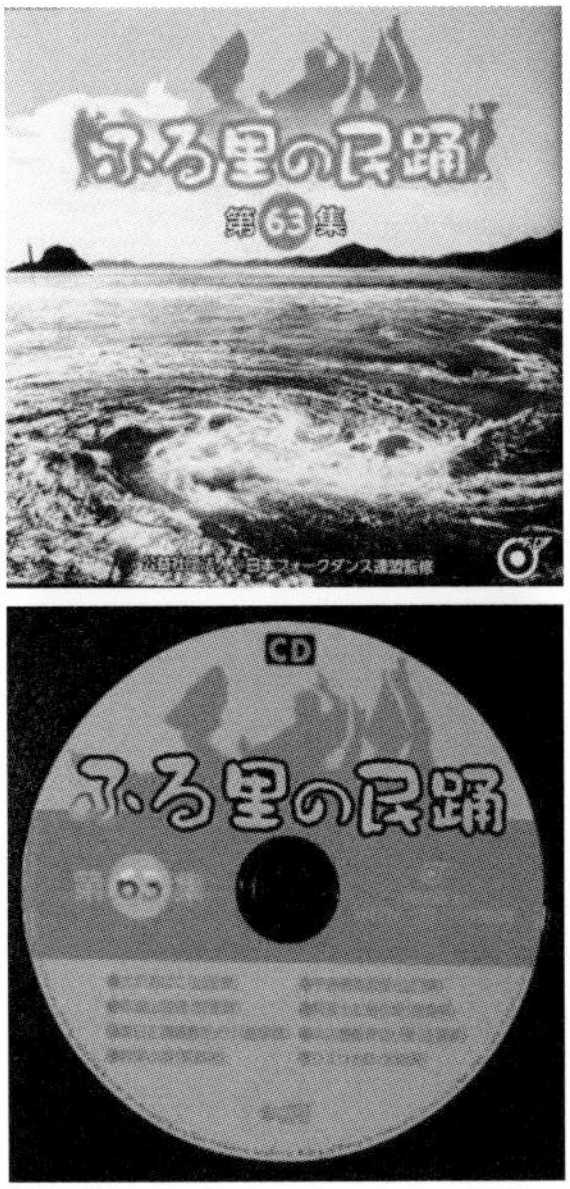

2023年6月発売のCD
『ふるさとの民踊　第63集』
（キングレコード提供）

「飾り」とは〈こぶし〉や〈ゆり〉のことです。それから「南蛮（ナンバン）」と書きますが、宇部では「ナンバ」と唄うとか、「五平太」は「ごへいだ」と濁って発音するとか、そういうことを教えてあげたのです。「たてこーぼォりョ」の唄い方も、「こ」と「ぼ」と最後の「ョ」を強拍部にして、「ぼォ」の「ォ」の母音をシャクリ上げて「飾り」を入れるとか、唄尻を押す。これは繰り返しで二回ありますでしょう。それから「サノ」は入れないで、そこは前の言葉を伸ばして押すこと、とかですね。この「サノ」の言葉は、本書でも示したように、元々の歌詞には入ってないんですョ。また、本書四〇頁の藤井清水の自筆原の楽譜を見て判ったのは、「ソリヤ」は踊り手が入れる囃子詞（はやしことば）だったことです。

いずれにしても、昭和四年に新民謡として制作され、昭和五年にレコード化された「南蛮音頭」は、石炭採炭のための「南蛮」を押す力仕事と花柳界でお座敷で唄い踊られた華やかさとが融合した唄です。この特徴を唄い込むことがこそが、歌謡曲と民謡の違いなのです。

思い出を語る中本さん
（2023 年 12 月）

―　これは中本さんと一緒でなければ、できない本でした。ありがとうございました。

〈中本〉　こちらこそ、ありがとうございました。

〈※1〉現在の宇部市幸町三丁目。

〈※2〉昭和五三年八月一五日付『宇部時報』「この人　岩井峰童」に詳細な履歴あり。

〈※3〉『日本民謡大事典』によると、山口県下を中心に、中国地方各地で歌われていた祝唄という。七七七五の詞型のあとに「ヨイショコショーデヨサノサー」の囃子詞を入れるので、ヨイショコショ節と呼ばれたとのこと。

〈※4〉昭和六二年七月二〇日付『宇部時報』「西岐波のふるさと芸能伝承〝復活〟かごかき若衆〈上下道中節〉をビデオ収録」。

20 宇部高等学校創立 60 周年記念

主催・山口県立宇部高等学校

目的・創立 60 周年記念として制作

完成・昭和 54 年 11 月

レコード番号・H3E-8011　東芝

　唄・宇部高等学校混成合唱団

A-1・宇部高等学校校歌

制定・昭和 30 年〔6 月・文化祭で発表〕

　作詞・古関吉雄

　作曲・岡本敏明

A-2・宇部高等学校賛歌

目的・創立 60 周年記念で生徒の歌詞、作曲

　（『かたばみ　―沿革・10 年小史』）

　作詞・堀井昭二

　作曲・綿部大二郎

B-1・山口県立宇部中学校

目的・運動場拡張を機に正式校歌を制作

　（『山口県立宇部高等学校沿革史』）

制定・昭和 12 年 7 月〔正式校歌〕

　作詞・風巻景次郎

　作曲・細川碧

B-2・山口県立宇部高等女学校

作詞/作曲・不明

21　A・船木小唄

〔カセットテープ〕

完成［中原治三郎の船木町長在職中・昭和 10 年 2 月～同 18 年 11 月］

作詞・中原治三郎

［カセットテープ化は昭和 61 年以後］

唄・松岡繁美

作曲・ドンキー

編曲・山本達也

B・船木小唄　演奏

〔カセットテープ〕

22　A・にしきわ音頭

主催・西岐波音頭実行委員会

目的・西岐波商興会創立 20 周年記念

完成・昭和 54 年 6 月

レコード番号・PES-7917-CP　コロムビア

　唄・都はるみ

　作詞・滝田常晴

　補作・石本美由起

　作曲・市川昭介

　編曲・甲斐靖文

B・南蛮音頭

唄・三鷹淳/わかばちどり

本書で取り上げたレコード（カセットテープ）リスト

第❷章　南蛮音頭とその時代

1　A・宇部南蛮音頭

主催・宇部文藝協会／宇部時報社
目的・石炭の販路拡大のため制作
完成・昭和 4 年 11 月
レコード発売・昭和 5 年 8 月
レコード番号・51349-A　ビクター
　唄・朝居丸子
　作詞・金子千壽夫
　補作・野口雨情
　作曲・藤井清水
　振付・島田豊

B・宇部小唄

主催・宇部文藝協会／宇部時報社
目的・宇部市の宣伝のため制作
完成・昭和 5 年 1 月
レコード番号・51349-B　ビクター
　唄・朝居丸子
　作詞・野口雨情
　作曲・藤井清水
　振付・島田豊

第❸章　石炭産業の発展

2　A・民謡　窒素節

主催・［宇部窒素工業㈱］
目的・［宇部窒素工業㈱稼働を祝して］
完成・昭和 9 年 10 月
レコード番号・特 036　テイチク
　唄・市三
　作詞・国吉木魚（国吉省三）
　有光牛聲
　作曲・椎野桂風
　編曲・長津彌

B・ダンスミュージック　窒素節

演奏・テイチクジャズオーケストラ

3　A・躍進の宇部

主催・関門日日新聞社
完成・昭和 10 年 8 月
レコード番号・28511　コロムビア
　唄・伊藤久男
　作詞・古谷以和雄
　作曲・古関裕而
　編曲・大村能章

B・宇部ばやし

主催・関門日日新聞社
　唄・赤坂小梅
　作詞・古谷以和雄
　作曲/編曲・大村能章

4　A・流行歌　宇部港音頭

主催・宇部文藝協会／宇部時報社
目的・宇部港の第二種重要港指定記念
制定・昭和 11 年 4 月(宇部時報社制定)
Record 番号・特 097　テイチク
　唄・市三
　撰歌・島田磬也
　作曲/編曲・杉田良造

B・流行歌　宇部小唄

唄・有島通男
作詞・野口雨情
作曲・藤井清水
編曲・杉田良造

5　A・新民謡　宇部石炭祭

主催・宇部文藝協会／宇部時報社
目的・第1回目の祭りは出来たが、謳歌する歌がないので制作
発表・昭和11年10月
レコード番号・29097　コロムビア
　唄・豆千代
　作詞・坂本来
　選歌/補作・高橋掬太郎
　作曲/編曲・江口夜詩
　三味線・豊吉／壽々松
　振付・河野たつろ

B・新民謡　宇部南蛮音頭

　唄・音丸
　三味線・豊吉/壽々松

第❹章　占領下のレコード

6　A・汗の凱歌

主催・宇部市労働課
目的・敗戦からの復興のため制作
発表・昭和22年11月
レコード番号・PR-1020　ビクター
　唄・藤井典明／大谷洌子
　作詞・松井日出夫
　作曲/編曲・飯田信夫
　伴奏・日本ビクター管弦楽団

B・宇部復興音頭

主催・宇部時報社
目的・敗戦からの復興のため
発表・昭和22年11月
　唄・竹山逸郎/藤原亮子
　作詞・桐原正利
　作曲・東條俊明
　編曲・小澤直興志
　伴奏・日本ビクター管弦楽団

7　A・南蛮音頭〔Jan.1952〕

制作・昭和27年1月
レコード番号・ナシ　コロムビア
　唄・A.宇部双葉倶楽部
　唄・B.宇部グリークラブ

B・南蛮唄〔Jan.1952〕

　唄・沖ノ山炭鉱婦人会

第❺章　戦後のレコード

8　A・民謡　南蛮音頭

主催・宇部愛郷会
吹込・昭和28年6月
レコード番号・V-41089　ビクター
　唄・今奴

B・民謡　宇部小唄

　唄・西来謙一/今奴

9　A・新民謡　宇部南蛮音頭

発売・戦後［時期不明］
レコード番号・A1543　コロムビア
　唄・音丸
　三味線・豊吉／壽々松

B・新民謡　宇部石炭祭

　唄・豆千代
　三味線・豊吉／壽々松

10　A・宇部興産音頭

主催・宇部興産㈱
目的・沖ノ山炭鉱創立から 60 周年記念
　　　として制作
発表・昭和 31 年 8 月〔制作は 6 月〕
レコード番号・SPR1577　コロムビア
　唄・久保幸江/中島孝
　作詞・河崎道成
　補作・野村俊夫
　作曲・古賀政男
　コロムビア合唱団
　三味線・豊吉/豊静

B・宇部南蛮音頭

　唄・今奴

11　A・宇部白鳥音頭

主催・宇部市役所経済局商工課
目的・常盤池に白鳥が放たれた記念
完成・昭和 32 年 10 月
レコード番号・4 R-25　東芝
　唄・斉藤京子/中島正二
　作詞・脇太一
　作曲・東條敏明
　補作/編曲・増田幸造
　三味線・豊静/豊園

B・宇部南蛮ばやし

　作曲・牧野由多可
　唄・斉藤京子/高松和男

12　白鳥の歌〔レコード化ナシ〕

主催・宇部市商工観光課
目的・皇太子ご成婚記念を兼ねて
完成・昭和 34 年 3 月
　作詞・小林純一
　作曲/発表・西崎嘉太郎
　　（平成 4 年 2 月に CD 化）

13　A・山口県民の歌

主催・山口県
目的・県政施行 90 周年記念事業
発表・昭和 37 年 9 月
レコード完成・昭和 40 年
レコード番号・PRE1262　コロムビア
　作詞・佐藤春夫
　作曲・信時潔
　唄・三鷹淳/真理ヨシコ

B・のばせ山口

　唄・若山彰
　作詞・橋本正之
　作曲・片山正見

第❻章 高度経済成長期のレコード

14　A・宇部市民の歌

主催・宇部市
目的・「宇部市明るい市民運動」の一環
発表・昭和 37 年 11 月
レコード番号・PRE1249　コロムビア
　唄・三鷹淳
　作詞・宮川杜詩雄
　作曲・若松正司
　編曲・福田正
　補作・宇部市明るい市民運動推進協議会

B・宇部市民行進曲

　唄・ナシ
　作曲・若松正司
　編曲・福田正

※（平成 23 年 11 月の市制施行 90 周年記念で CD 化）

※　歌のタイトルはレーベルによる。他の情報は歌詞カード、書籍、新聞記事等から作成。［　］は推測。

15　A・宇部中央銀天街音頭

主催・［宇部中央銀天街］
目的・［銀天街のカラー舗装などと連動］
完成・昭和 38 年
レコード化・昭和 46 年 10 月
レコード番号・PES-7296　コロムビア
　唄・三鷹淳・わかばちどり
　作詞・三隅男治
　作曲・田頭十九二
　編曲・横山菁児

B・宇部市民の歌

　唄・三鷹淳
　作詞・宮川杜詩雄
　作曲・若松正司

16　A・常盤湖慕情

発売・昭和 45 年 12 月
レコード番号・NCS-286　キング
　唄・和泉たか子（後に千城たか子）
　作詞・池田一馬
　作曲・三宅隆司
　編曲・河合英郎

B・萩の人

　作詞・池田一馬
　作曲・三宅隆司
　編曲・あづまゆきお

17　A・吉部音頭

完成・昭和 51 年
目的・「地域の歌を作ろう」との地域住民の声が高まり吉部地区文化推進協議会が中心となり制作（『ふるさとのうた』）
レコード番号・MP-3003　クレオ
　唄・湊栄一
　作詞・野村正臣
　作曲・鈴木淳

B・吉部音頭〔カラオケ〕

18　A・小野音頭

主催・小野音頭作成実行委員会
発売・昭和 53 年 5 月
レコード番号・NCS-1053　キング
　唄・三橋美智也
　作詞・藤山恵美子
　　　（小野音頭作成実行委員会）
　補作・和田健
　作曲・鈴木淳
　編曲・若松正司
　振付・花柳嵐

B・軽音楽　小野音頭

　作曲・鈴木淳
　編曲・若松正司

19　A・万倉音頭

〔カセットテープ〕
目的・「ふれあいネットワーク」の 10 周年記念として制作
完成・平成 10 年
　唄・頼田悠李
　作詞・伊藤勇
　作曲・山本達八

B・万倉音頭カラオケ

〔カセットテープ〕

略年表（太字は国際的事象）

大正六（一九一七）年
一二月・**「ロシア一〇月革命」でロマノフ王朝滅亡**

大正七（一九一八）年
八月・**第一次のシベリア出兵。**宇部で米騒動が勃発

大正八（一九一九）年
二月・報徳会を主宰する花田仲之助が来宇

大正一〇（一九二一）年
一一月・宇部市制施行で「共存同栄」の標語を採用
イタリアでファシスタ党結成

大正一三（一九二四）年
一月・宇部文藝協会発足、新川講堂で兼重暗香の絵画展
二月・宇部文藝協会の役員会で年間行事が決まる
四月・宇部文藝協会の第一回余技作品展
九月・第一回音楽会　一一月・第一回菊花品評会

大正一四（一九二五）年
二月・セミョーノフ将軍配下の中佐夫人が宇部でピアニストに
四月・沖ノ山炭鉱や東見初炭鉱で上映用の活動写真撮影
ムッソリーニの宣伝のため下井春吉が来宇

昭和二（一九二七）年
九月・宇部文藝協会が会長に濵田久七を据えて再出発

昭和三（一九二八）年
九月・自耕社から文芸誌『無辺』が創刊

一〇月・沖ノ山炭鉱が株式会社となる
一一月・昭和天皇御大典で神原公園に福原越後銅像を設置

昭和四（一九二九）年
八月・宇部文藝協会が南蛮音頭の歌詞募集
一〇月・世界恐慌がはじまる
一一月・南蛮音頭の歌詞を野口雨情が補作、藤井清水が作曲
堀辺旅館で芸妓たちが「南蛮音頭」を教わる
一二月・広島放送局で「南蛮音頭」を放送

昭和五（一九三〇）年
一月・「宇部小唄」作詞のために野口雨情が来宇
三月・新川座で「南蛮音頭」と「宇部小唄」の披露
八月・ビクターレコード「南蛮音頭」／「宇部小唄」発売

昭和六（一九三一）年
四月・ご当地映画「黒い旋風」の撮影と上映（五月）

昭和八（一九三三）年
一二月・皇太子誕生で「親王殿下御降誕奉祝歌」制作

昭和九（一九三四）年
七月・渡邊祐策没　一〇月・「窒素節」制作
一一月・「炭都祭」（プレ「石炭祭」）

昭和一〇（一九三五）年
五月・宇部市が「宇部港祭の歌」（曲は帝国海軍歌）発表
八月・関門日日新聞社が「宇部ばやし」と「躍進の宇部」を制作
一一月・第一回「石炭祭」開催

昭和一一（一九三六）年
三月・テイチクレコード「宇部港音頭」／「宇部小唄」発売
八月・ベルリンオリンピック開催　一〇月、コロムビア
レコード「宇部石炭祭」／「宇部南蛮音頭」発売（発表）
一二月、渡邊翁記念文化協会（会長・俵田明）発足

昭和一六（一九四一）年
一二月・大東亜戦争（太平洋戦争）勃発（昭和二〇年八月敗戦）

昭和二二（一九四七）年
一月・コロムビアレコード「南蛮音頭」／「南蛮唄」の制作
一一月・「宇部復興音頭」発表（この頃、ビクターレコード
「汗の凱歌」／「宇部復興音頭」の発売ヵ）

昭和二七（一九五二）年
七月・宇部愛郷会（藤井清）が第一回宇部市長杯争奪
南蛮音頭コンクールを開催

昭和二八（一九五三）年
六月・ビクターレコードで「南蛮音頭」／「宇部小唄」録音

昭和三一（一九五六）年
六月・コロムビアレコード「宇部興産音頭」／「宇部南蛮音頭」制作
八月・「宇部ＪＣ音頭」制作

昭和三二（一九五七）年
七月・常盤池に白鳥三〇羽が放たれ「白鳥の湖」となる
一〇月・「宇部白鳥音頭」が完成

昭和三四（一九五九）年
四月・皇太子殿下御成婚

「白鳥の歌」が作られる（令和四年二月にＣＤ化）

昭和三七（一九六二）年
一一月・「宇部市民の歌」制作（後にコロムビアレコード
「宇部市民の歌」／「宇部市民行進曲」発売）
※　山口県が「山口県民の歌」制定（昭和四〇年にコロム
ビアレコード「山口県民の歌」／「のばせ山口」発売）

昭和三八（一九六三）年
※　「宇部中央銀天街音頭」制作（昭和四六年一〇月
にコロムビアレコード「宇部中央銀天街音頭」／
「宇部市民の歌」発売）

昭和四五（一九七〇）年
一二月・キングレコード「常盤湖慕情」／「萩の人」発売

昭和五一（一九七六）年
※　「吉部音頭」制作（後にクレオからレコード化）

昭和五三（一九七八）年
五月・キングレコード「小野音頭」／「軽音楽　小野音頭」発売

昭和五四（一九七九）年
六月・コロムビアレコード「にしきわ音頭」／「南蛮音頭」発売

昭和六一（一九八六）年以後　「船木小唄」（ＣＤ化）

平成一〇（一九九八）年
※　「万倉音頭」制作

主要参考文献

弓削達勝『素行渡邊祐策翁　乾』渡邊翁記念事業委員会、昭和一一年

服部知治『共同組合の思想』協同組合図書刊行会、昭和四二年

『報徳会綱要』報徳会総務所、昭和九年

井関九郎『現代防長人物誌　地』発展社、大正六年

『皇太子殿下宇部市行啓記念』[宇部市]（宇部市立図書館蔵）

『市制記念写真帳』大正一一年、[宇部市]（宇部市立図書館蔵）

宇部工業高等学校「70年のあゆみ」編集委員会『70年のあゆみ』山口県立宇部工業高等学校、平成三年

炭鉱写真編集委員会（編）『炭鉱　有限から無限へ』宇部市、平成一〇年

『躍進の宇部』防長新聞社、一九五〇年

財団法人渡邊翁記念文化協会（編）『昭和十五年版宇部年鑑』財団法人渡邊翁記念文化協会、昭和一五年

高野義祐『新川から宇部へ』ウベニチ新聞社、一九五三年

濵田外夫（監修）・濵田雄二郎（編）『濵田久七と子孫　ゆかりの人々』（私家版）平成二四年

堀雅昭『炭山の王国　渡辺祐策とその時代』宇部日報社、二〇〇七年

中野敏男『詩歌と戦争　―白秋と民衆、総戦力への「道」』ＮＨＫ出版、二〇一二年

堀雅昭『宇部日報一〇〇年小史』宇部日報社、二〇一二年

日本放送協会東海支部（編）『ＪＯＣＫ講演集第五輯』創生社書店、昭和三年

森一兵『随筆　獨伊と日本』日本評論社、昭和一四年

東道人『野口雨情　詩と民謡の旅』踏青社、一九九五年

杉岡詮『広島中央放送局開局十年史』昭和一五年（非売品）

『山口炭田三百年史』広島通商産業局宇部石炭支局、昭和四四年（非売品）

田川市石炭・歴史博物館（編）『炭坑の語り部・山本作兵衛の世界』田川市石炭・歴史博物館、平成二三年（二刷）

鞍手町誌編集委員会（編）『鞍手町誌　中巻』福岡県鞍手町、昭和五二年

『新・田川紀行』編集委員会（編）『新・田川紀行』田川広域観光協会、令和五年

深町純亮『炭坑節物語』海鳥社、一九九七年

金ヶ江光助『宇部市案内』宇部春水館、大正一二年（非売品）

石井國之『小唄の歴史』芸能文化研究会、昭和三三年

中西輝磨『昭和山口県人物誌』マツノ書店、平成二年

堀雅昭『村野藤吾と俵田明』弦書房、二〇二一年

渡邊翁記念文化協会（編）『渡邊翁記念文化協会沿革史』渡邊翁記念文化協会、平成二年

山田亀之介『宇部戦前史　一九三一年以後』宇部市郷土文化会、昭和五〇年

伊藤由三郎『戦時統制法令叢書　第一八輯　軍需会社法解説』綜文館創立事務所、昭和一九年

『昭和二十二年度版　宇部市勢要覧』宇部市役所、昭和二三年（非売品）

『ウベニチ50年史』ウベニチ新聞社、一九九九年

『その弥栄を歌う』宇部興産、昭和三二年

松本佐一『70年の思い出』昭和四七年（私家版）

『明日への黎明　日本青年会議所20周年記念』日本青年会議所、昭和四六年

『宇部市立桃山中学校　創立五〇周年記念誌』宇部市立桃山中学校、平成一〇年

細川周平・片山杜秀（監修）『日本の作曲家　近現代音楽人名事典』日外アソシエーツ、二〇〇八年

『宇部中央銀天街の近代化ビジョン』宇部商工会議所・宇部中小企業相談所、一九七二年二月

『吉部八幡宮御鎮座七三〇年式年大祭記念　いもにえ』吉部八幡宮、平成四年

『万倉茄子のあゆみ』（万倉茄子組合50周年記念誌）万倉茄子共同出荷組合、二〇〇五年

岡潔（編）『山口県立宇部高等学校沿革史』山口県立宇部高等学校、昭和三四年（非売品）

「わが町の歴史アルバム」編集委員会（編）『わが町の歴史アルバム』楠町、昭和六〇年

浅野建二（編）『日本民謡大事典』雄山閣出版、昭和五八年

主要人名索引
（ローカル人を多数含む）

TANKOU TO SHINMINYOU

炭鉱と新民謡

―南蛮音頭とその時代―

中本義明 × 堀　雅昭

中本義明

山口県民謡連盟・元常任理事

宇部南蛮音頭保存会会員

昭和 23 年　宇部市生まれ
昭和 38 年　神原中学校卒
　　　　　　鮮魚商を継ぐ
昭和 46 年　全国民謡峰童会入会
昭和 56 年　峰童会退会
　　　　　　日本民謡研究会宇部創立
平成 3 年　山口県民謡連盟常任理事就任
平成 11 年　日本民謡研究会宇部解散
平成 12 年　山口県民謡連盟常任理事退任
平成 30 年　鮮魚商廃業
　　　　　　南蛮音頭保存会入会

堀　雅昭

作家／編集プロデューサー

昭和 37 年　宇部市生まれ
大学卒業後、九州の製薬会社研究所勤務を経て作家となる。著書に『戦争歌が映す近代』（葦書房）。『杉山茂丸伝』／『ハワイに渡った海賊たち』／『中原中也と維新の影』／『井上馨』／『靖国の源流』／『靖国誕生』／『鮎川義介』／『関門の近代』／『寺内正毅と近代陸軍』／『村野藤吾と俵田明』（以上、弦書房）。
令和 4 年 8 月に UBE 出版設立。活字文化の〈地産地消〉運動をスローガンに地方開拓のための出版をはじめる。

2024 年 7 月 15 日　第 1 版第 1 刷発行

著者　中本義明・堀　雅昭

発行所　UBE 出版
　〒755-0802　山口県宇部市北条 1 丁目 5-20
　TEL　090-8067-9676
印刷・製本　UBE 出版印刷部

　ISBN978-4-910845-06-7　C0021

UBE出版の本

全国の書店・Amazon・楽天ブックス・大手書店サイト（honto、紀伊国屋書店ウェブストア等）・キンドル（電子書籍）などで販売しています

エヴァンゲリオンの聖地と３人の表現者

古川薫・山田洋次・庵野秀明

堀雅昭　直木賞作家・古川薫の『君死に給ふことなかれ』、映画監督・山田洋次の『男はつらいよ』シリーズ、アニメ興行師・庵野秀明の『シン・エヴァンゲリオン』の原風景を、巨匠たちが生きた地（山口県宇部市）から炙り出す渾身の力作。作品に投影された知られざる風景とは。（Ａ５判、１３６頁、１５００円）

復刻版『現代宇部人物素描』

戦時下産炭地の開拓者１４１名の記録

高村宗次郎　大正後期の新聞記者が産炭地宇部を徹底取材。山口県内はもとより、福岡、長崎、佐賀、熊本、大分、島根、広島、岡山、香川、滋賀、山形各県の出身者たち一四一名の戦時下のインタビュー記録を完全復刻。序文の書かれた昭和一六年五月は大東亜戦争勃発前とはいえ、内閣直属の情報局が「言論統制」を始めていた時期で貴重な資料。（Ｂ５判、１１０頁、３０００円）

椿の杜◉物語

日本史を揺さぶった《長州神社》

堀雅昭　靖国神社の源流＝長州萩の椿八幡宮の本邦初のビジュアル版History Book。靖国神社初代宮司を誕生させた〈長州神社〉の正体とは。青山大宮司家始祖の草壁連醜経は「大化の改新」後に、山口県で獲れた白い雉を朝廷に献上し、「白雉」年号を成立させていた。時代の変わり目に姿を現す古社を深掘りし、日本史の謎を読み解く一冊。（Ａ５判、１３６頁、１５００円）

旅する詩人　永冨衛エッセイ集

永冨衛　地方新聞記者の傍ら、個人文藝誌を発行。宮本常一の「土佐源氏」をひとり芝居で演じ続けた俳優・坂本長利さんの応援団を立ち上げ、機関誌を出し続けた詩人・永冨衛さんの初エッセイ集。新聞記者として３・１１直後に東北に入り、取材を重ねる中で見えてきた人間模様を貴重な写真と共にエッセイで紹介。東北にもゆかりのある山頭火や中原中也にも独自の視点で切り込む。（Ｂ６判、９４頁、１２００円）

日本遺産　二つの港物語

構成文化財一覧（４２の文化財）付き

堀雅昭　関門地域は古来より陸上・海上交通の要衝で、明治維新で下関・門司両港が開港。双方に洋式灯台が設置されて以来、沿岸部に重厚な近代建築が続々と建設された。平成二九年に「関門〝ノスタルジック〟海峡」として日本遺産に認定された西日本の「要塞地」であり国際貿易港でもあった地誌を取材し、ビジュアル版でまとめた、ありそうでなかった一冊。（Ａ５判、１３６頁、１５００円）